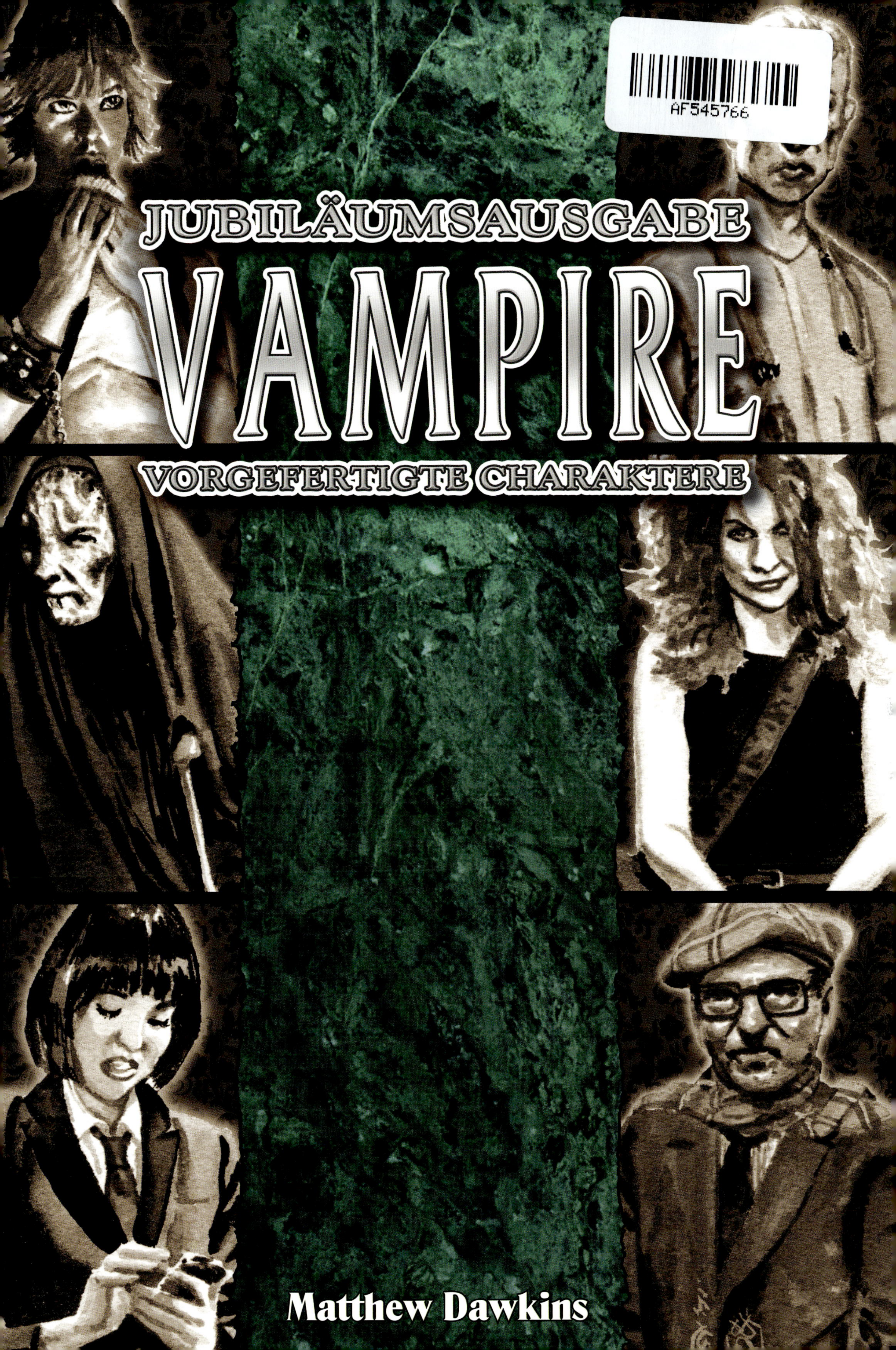

JUBILÄUMSAUSGABE
VAMPIRE
VORGEFERTIGTE CHARAKTERE
Matthew Dawkins

Credits

Written by: Matthew Dawkins

Developer and V20 Line Developer: Eddy Webb

Editor: Dixie Cochran

Creative Director: Richard Thomas

Art Direction and Design: Mike Chaney

Interior Art: Ken Meyer Jr.

Special Thanks

Everyone who participated in the *Lore of the Clans* Kickstarter for your generous contributions that led to the creation of this book. It literally would not have happened if it weren't for you.

ISBN: 978-3-96331-139-0

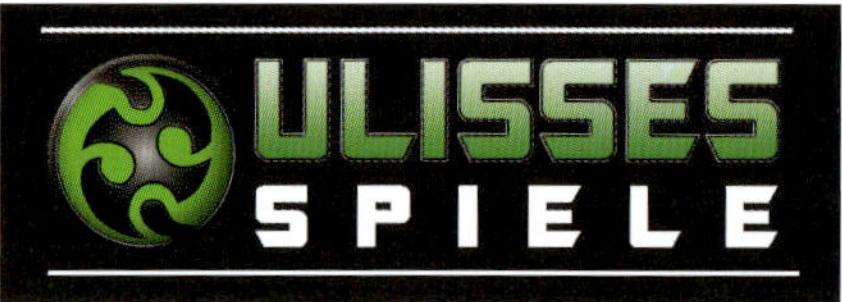

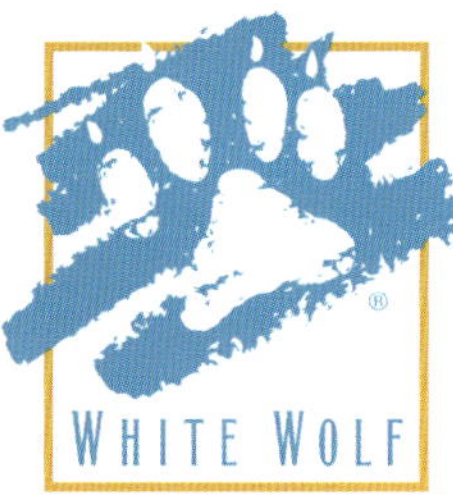

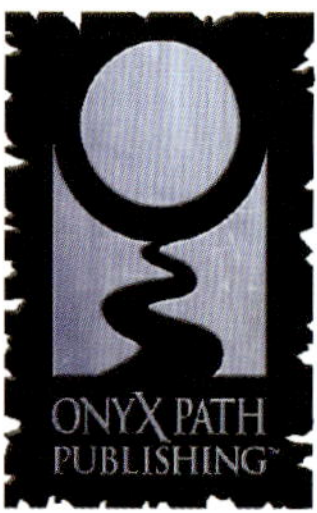

Deutsche Ausgabe: Ulisses Spiele GmbH
Redaktion: Mirko Bader
Deutsch von: Katrin Osieja
Lektorat: Christina Müller
Korrektorat: Mirko Bader
Satz der deutschen Version: Nadine Hoffmann

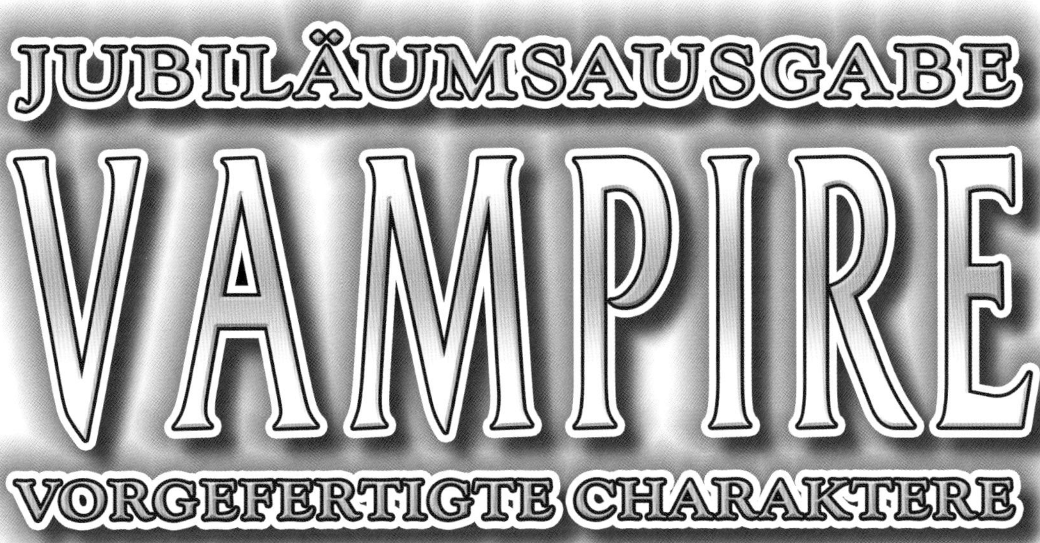

Inhalt

Levi „Macca" MacDonald

„Ich glaube daran, dass jeder eine faire Chance verdient hat, Golconda zu erreichen, unabhängig von Rasse, ethnischer Zugehörigkeit oder Religion. Mit Ausnahme von Briten, Amerikanern und Neuseeländern natürlich."

„All das Böse eines Charakters wurde allein durch brutale und grausame Reize hervorgebracht und genährt."

„Hör zu Kumpel, ich helfe dir aus der Klemme, indem ich diese Typen ausschalte. Du kannst jetzt entweder über das Blut in deinem Haar jammern oder dir eine Waffe schnappen und mir helfen."

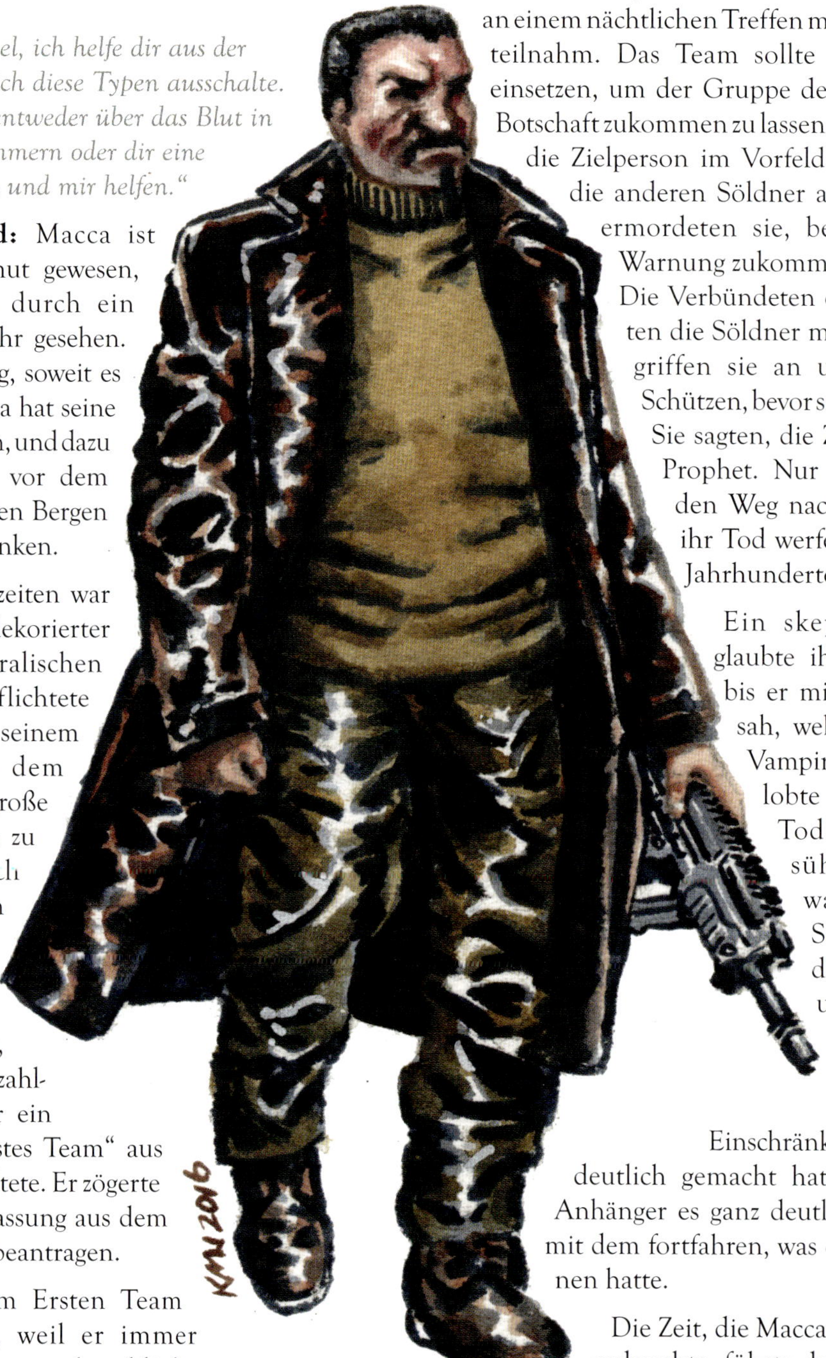

Hintergrund: Macca ist niemals in Alamut gewesen, aber er hat es durch ein Gewehrzielfernrohr gesehen. Das ist nah genug, soweit es ihn angeht. Macca hat seine eigenen Absichten, und dazu gehört es nicht, vor dem Alten Mann in den Bergen auf die Knie zu sinken.

Zu seinen Lebzeiten war Macca ein hochdekorierter Soldat der australischen Armee. Er verpflichtete sich aus Liebe zu seinem Land und aus dem Wunsch heraus, große Waffen abfeuern zu können, aber nach zwei Jahrzehnten im Militärdienst erhielt er ein Angebot für seine Verabschiedung, das einen gut bezahlten Vertrag über ein sogenanntes „Erstes Team" aus Söldnern beinhaltete. Er zögerte nicht, seine Entlassung aus dem Militärdienst zu beantragen.

Maccas Zeit im Ersten Team veränderte ihn, weil er immer wieder Zeuge von schrecklichen Gräueltaten wurde, die häufig von den Unternehmen verübt wurden, die er beschützte. Einige Missionen beinhalteten Attentate auf Zivilisten, und auch wenn er Einwände äußerte, wurden sie durchgezogen, und er spielte seine Rolle. Macca fürchtete, dass das Erste Team seine Familie zu Hause hinrichten würde, wenn er den Wunsch äußern sollte, auszusteigen.

Einmal bestand die Zielvorgabe seiner Drecksarbeit darin, eine Zielperson zu erschießen, während sie an einem nächtlichen Treffen mit ihren Freunden teilnahm. Das Team sollte heiße Munition einsetzen, um der Gruppe der Zielperson eine Botschaft zukommen zu lassen. Macca versuchte, die Zielperson im Vorfeld zu warnen, aber die anderen Söldner aus seiner Truppe ermordeten sie, bevor er ihr eine Warnung zukommen lassen konnte. Die Verbündeten des Opfers machten die Söldner mühelos ausfindig, griffen sie an und töteten den Schützen, bevor sie Macca ergriffen. Sie sagten, die Zielperson sei ein Prophet. Nur sie allein kenne den Weg nach Golconda und ihr Tod werfe die Gruppe um Jahrhunderte zurück.

Ein skeptischer Macca glaubte ihnen kein Wort, bis er mit eigenen Augen sah, welche Kräfte diese Vampire besaßen. Er gelobte verzweifelt, den Tod des Opfers zu sühnen, aber das war nicht genug. Sobald er verwandelt worden war und man ihm das Ausmaß seiner Stärken und Einschränkungen als Vampir deutlich gemacht hatte, machten die Anhänger es ganz deutlich: Macca muss mit dem fortfahren, was das Opfer begonnen hatte.

Die Zeit, die Macca bei dem Klüngel verbrachte, führte dazu, dass er einen flüchtigen Eindruck von Golconda erhaschen konnte. Nun sucht er nach

Hinweisen auf den Pfad und konzentriert seinen Zorn und sein Gewehr auf die Auslöschung derer, die Golconda als Werkzeug zur Manipulation anderer einsetzen wollen. Er hat nicht die Zeit, auf falsche Propheten zu hören, deshalb bestraft er Lügner und Scharlatane in dem Bestreben, unter all dem Unkraut den reinen Weg zu entdecken.

Macca hat mehr Zeit mit den Wissenshütern der Camarilla verbracht als irgendjemand anders und wurde seinerseits zu einer nützlichen Bereicherung für die Sekte. Er richtet seine Waffe auf jeden, für dessen Tod er bezahlt wird, vorausgesetzt, das Ziel steht nicht mit seinen eigenen Interessen in Konflikt. Er wird noch immer von dem Unternehmen gejagt, die das Erste Team anheuerte. Irgendwie scheinen sie zu wissen, dass er nicht wirklich tot ist. Die australische Camarilla beschützt seine Familie und hat sie bis jetzt noch nicht als Druckmittel gegen ihn eingesetzt. Sie wissen, dass Macca ihnen nützlicher ist, wenn er glücklich ist und ihnen bereitwillig hilft.

Beschreibung: Maccas Geheimratsecken, seine Wampe und seine von Schatten unterlegten Augen machen ihn nicht gerade zu einem Hingucker. Er ist untersetzt und bewegt sich gemächlich und mit gebeugten Schultern fort. Dennoch umgibt ihn so etwas wie eine düstere Anziehungskraft, die aus dem unheilverkündenden Lächeln zwischen seinem Schnurrbart und seinem Kinnbärtchen und aus seiner Art, seinen starren Blick niemals flackern zu lassen, erwächst.

In seiner Rolle als bezahlter Mörder weiß Macca sich niemals protzig zu kleiden – es sei denn, sein Auftrag macht dies erforderlich. Er trägt schwere Mäntel, in denen er Waffen verbergen kann, hat häufig einen Koffer bei sich und ist dafür bekannt, Rollkragenpullover zu tragen, und zwar einzig und allein deshalb, weil sie ihm eine weitere Stelle bieten, an der er eine kleine Menge Sprengstoff oder eine Klinge aufbewahren kann.

Rollenspielerische Hinweise: Wenn Macca über einen Mord spricht, geschieht das absolut geschäftsmäßig. Er hat nichts dafür übrig, Witze über das Töten zu machen, selbst wenn er für ein Opfer nur Verachtung übrig hat. Er glaubt, dass Wortspiele mit dem Tod nur etwas für verweichlichte Fieslinge sind, die noch niemals im Krieg gewesen sind oder sich ihren Lebensunterhalt dadurch verdienen mussten, dass sie eine Waffe abfeuern.

Wenn es um das Thema Golconda geht, bleibt Macca sachlich. Er ist kein wahrer Gläubiger, aber er weiß, dass er Wiedergutmachung leisten muss, indem er andere bei ihren Versuchen unterstützt, den Pfad dorthin zu entdecken. Er empfindet es als seine Pflicht, diejenigen zu beschützen, die auf der Suche nach diesem nahezu phantastischen Land sind.

Maccas breiter australischer Akzent ist unkultiviert. Er ist stolz auf sein Erbe und spricht zärtlich über seine Zeit in der Armee und in der Heimat, auch wenn er spürt, dass er niemals dorthin zurückkehren kann. Er ist ausgesprochen respektlos und gibt freimütig ordinäre Anekdoten zum Besten, wenn er nicht gerade bei einem düsteren Thema hängen bleibt.

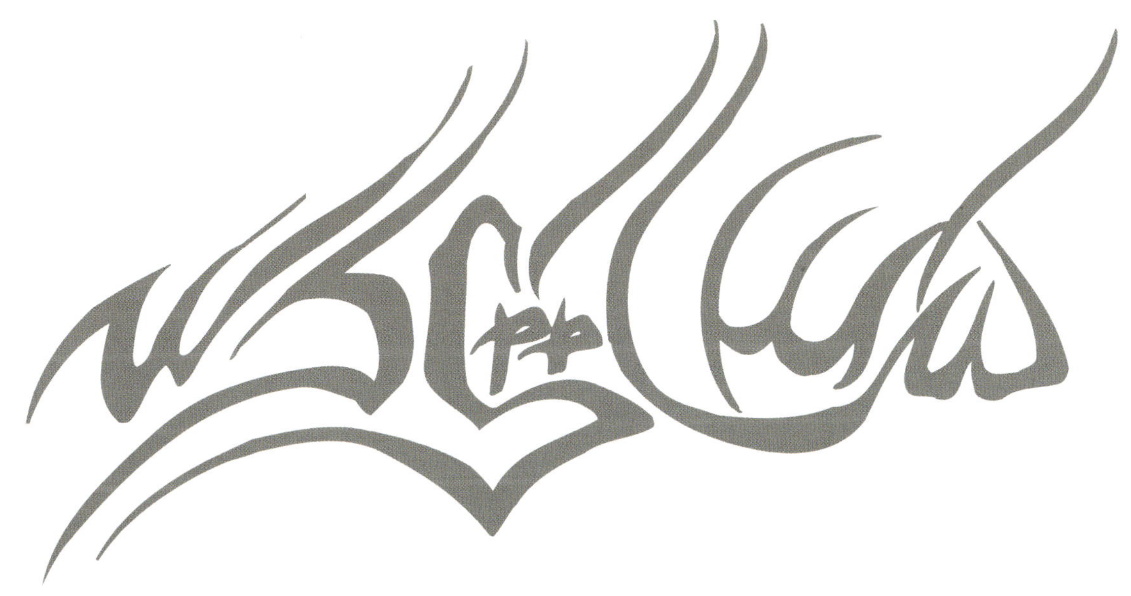

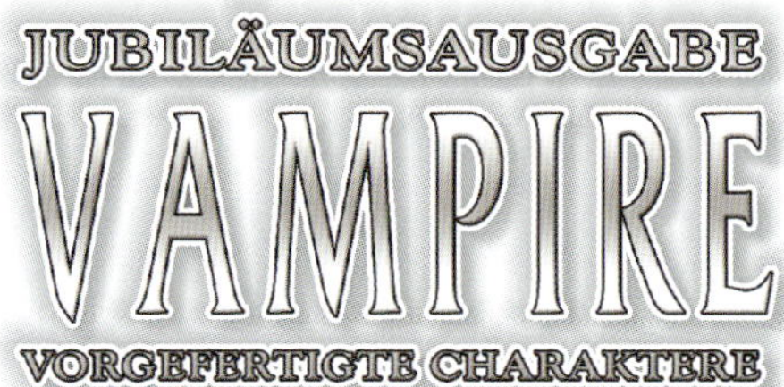

Name: Levi „Macca“ MacDonald **Wesen:** Zelebrant **Clan/Blutlinie:** Assamit
Spieler: **Verhalten:** Direktor **Generation:** 10.
Chronik: **Konzept:** bewaffneter Rätselsucher **Sekte:** Unabhängige

Attribute

Körperlich		Gesellschaftlich		Geistig	
Körperkraft	●●●○○	Charisma	●●●○○	Wahrnehmung	●●○○○
Geschick (Zielgenauigkeit)	●●●●○	Manipulation	●●○○○	Intelligenz	●●○○○
Widerstandsfähigkeit	●●●○○	Erscheinungsbild	●●●○○	Geistesschärfe	●●○○○

Fähigkeiten

Talente		Fertigkeiten		Kenntnisse	
Aufmerksamkeit	●●●○○	Diebstahl	●○○○○	Akademisches Wissen	○○○○○
Ausdruck	●○○○○	Etikette	○○○○○	Computer	○○○○○
Ausflüchte	●●○○○	Fahren	●●●○○	Finanzen	○○○○○
Einschüchtern	●●○○○	Handwerk (Waffeninstandhaltung)	●●○○○	Gesetzeskenntnis	○○○○○
Empathie	○○○○○	Heimlichkeit	●●○○○	Medizin	○○○○○
Führungsqualitäten	○○○○○	Nahkampf	●●○○○	Nachforschungen	●●○○○
Handgemenge	●○○○○	Schusswaffen	●●●○○	Naturwissenschaften	○○○○○
Magiegespür	○○○○○	Tierkunde	○○○○○	Okkultismus	●●●○○
Sportlichkeit	●●○○○	Überleben	●●○○○	Politik	○○○○○
Szenekenntnis	●○○○○	Vortrag	○○○○○	Technologie	○○○○○
	○○○○○		○○○○○		○○○○○

Vorteile

Disziplinen		Hintergründe		Tugenden	
Geschwindigkeit	●○○○○	Deckidentität	●●●○○	Gewissen/~~Überzeugung~~	●●○○○
Quietus	●○○○○	Generation	●●●○○	Selbstbeherrschung/~~Instinkt~~	●●●●○
Verdunkelung	●○○○○	Kontakte	●●○○○	Mut	●●●●○
	○○○○○	Mentor	●○○○○		
	○○○○○	Ressourcen	●○○○○		
	○○○○○		○○○○○		

Vorzüge & Schwächen

Vorzüge	Kosten
Sektenverbündeter (Wissen der Clans S.xx)	1

Schwäche	Kosten
Gehetzt wie ein Hund	3
Rekrutierungsziel	1

Menschlichkeit/~~Pfad~~

●●●●●●○○○○

Haltung: Normalität (+0)

Willenskraft

●●●●●●●○○○

□□□□□□□□□□

Blutvorrat

□□□□□□□□□□
□□□□□□□□□□

Blut pro Runde:

Gesundheit

Blaue Flecken		□
Verletzt	-1	□
Schwer verletzt	-1	□
Verwundet	-2	□
Schwer Verwundet	-2	□
Verkrüppelt	-5	□
Außer Gefecht		□

Notizen

Kombinierte Disziplin: Schattenfinte (Wissen der Clans S.xx)

Attribute: 7/5/3 • Fähigkeiten: 13/9/5 • Disziplinen: 3 • Hintergründe: 5 • Tugenden: 7 • Freie Zusatzpunkte: 15 (7/5/2/1)

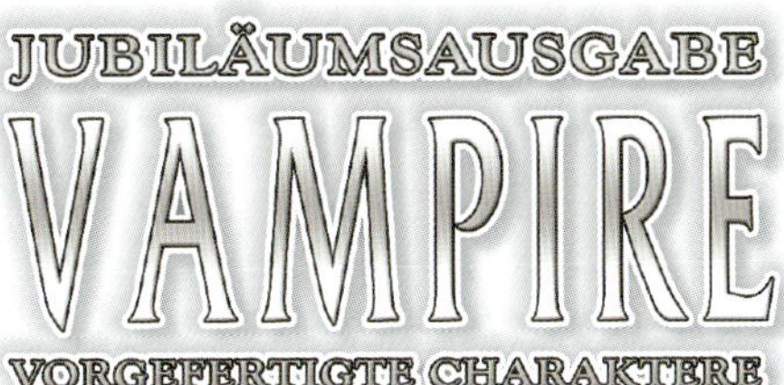

Name: Levi „Macca“ MacDonald **Wesen:** Zelebrant **Clan/Blutlinie:** Assamit
Spieler: **Verhalten:** Direktor **Generation:** 10.
Chronik: **Konzept:** gepanzerter Golconda Enthuisiast **Sekte:** Camarilla

Attribute

Körperlich		Gesellschaftlich		Geistig	
Körperkraft	●●●○○	Charisma	●●●○○	Wahrnehmung	●●○○○
Geschick (Zielgenauigkeit)	●●●●○	Manipulation	●●○○○	Intelligenz	●●○○○
Widerstandsfähigkeit	●●●○○	Erscheinungsbild	●●●○○	Geistesschärfe	●●○○○

Fähigkeiten

Talente		Fertigkeiten		Kenntnisse	
Aufmerksamkeit (Schlupfwinkel)	●●●●○	Diebstahl	●●○○○	Akademisches Wissen (Philosophie)	●○○○○
Ausdruck	●●○○○	Etikette	○○○○○	Computer	○○○○○
Ausflüchte	●●○○○	Fahren	●●●○○	Finanzen	○○○○○
Einschüchtern	●●○○○	Handwerk (Waffeninstandhaltung)	●●●○○	Gesetzeskenntnis	○○○○○
Empathie	○○○○○	Heimlichkeit	●●●○○	Medizin	○○○○○
Führungsqualitäten	○○○○○	Nahkampf	●●○○○	Nachforschungen	●●○○○
Handgemenge	●●○○○	Schusswaffen (Gewehre)	●●●●○	Naturwissenschaften	○○○○○
Magiegespür	○○○○○	Tierkunde	○○○○○	Okkultismus (Golconda)	●●●●○
Sportlichkeit	●●●○○	Überleben	●●○○○	Politik	○○○○○
Szenekenntnis	●●○○○	Vortrag	○○○○○	Technologie	○○○○○
	○○○○○		○○○○○		○○○○○

Vorteile

Disziplinen		Hintergründe		Tugenden	
Geschwindigkeit	●●○○○	Deckidentität	●●●○○	Gewissen/~~Überzeugung~~	●●○○○
Quietus	●●○○○	Generation	●●●○○	Selbstbeherrschung/~~Instinkt~~	●●●●○
Verdunkelung	●●○○○	Kontakte	●●○○○	Mut	●●●●○
	○○○○○	Mentor	●○○○○		
	○○○○○	Ressourcen	●○○○○		
	○○○○○		○○○○○		

Vorzüge & Schwächen

Vorzüge	Kosten
Sektenverbündeter (Wissen der Clans S. 26)	1

Schwäche	Kosten
Gehetzt wie ein Hund	3
Rekrutierungsziel	1

Menschlichkeit/~~Pfad~~

●●●●●●●○○○

Haltung: Normalität (+0)

Willenskraft

●●●●●●●○○○
□□□□□□□□□□

Blutvorrat

□□□□□□□□□□
□□□□□□□□□□

Blut pro Runde:

Gesundheit

Blaue Flecken		□
Verletzt	-1	□
Schwer verletzt	-1	□
Verwundet	-2	□
Schwer Verwundet	-2	□
Verkrüppelt	-5	□
Außer Gefecht		□

Notizen

Kombinierte Disziplin: Schattenfinte (Wissen der Clans S. 30)

Attribute: 7/5/3 • Fähigkeiten: 13/9/5 • Disziplinen: 3 • Hintergründe: 5 • Tugenden: 7 • Freie Zusatzpunkte: 15 (7/5/2/1)

MAMA POLARI

„Harpyie oder nicht – Du bist so zwielichtig wie die Hölle und du siehst ziemlich kaputt aus. Leb wohl, Felicia."

„Es ist in Ordnung, neu zu sein, Mädchen. Mama nimmt dich unter ihre Fittiche und kümmert sich um dich."

„Du Schlampe fliegst gleich raus. Kann mal irgendjemand meine verdammte Perücke und meine Ohrringe halten? Ich werde dir jetzt diese billigen Kopien von einer verdammten Louboutin-Knarre zu fressen geben und du wirst mir auch noch dankbar dafür sein."

Hintergrund: Mama Polari war zu Lebzeiten eine Königin und auch im Tod sieht sie keine Notwendigkeit darin, ihre Rolle als Monarchin aufzugeben. Ihre Freunde sagen ihr, dass sie mit ihrem atemberaubenden Aussehen, ihrem Selbstvertrauen und ihrer Leidenschaft jeden Partner bekommen kann, den sie will, aber Mama gibt sich niemals mit nur einem einzigen Geliebten zufrieden. Mama braucht es einfach, in ein umwerfendes Kleid zu schlüpfen, sich mit einer spektakulären Perücke herauszuputzen, Makeup aufzutragen und ein völlig heißgeliebtes Publikum wieder und wieder dazu zu bringen, sie zu lieben.

Mama Polari ist eine Meisterin des Gesangs, der Verführung und der bissigen Witze und damit eine gut besuchte Attraktion. Mühelos gewinnt sie die Herzen derer, die ihr dabei zusehen, wie sie durch den Club oder das Kabarett schwebt. Sie liebt es, Schindluder mit Herzen zu treiben und betört alle mit ihrer Eleganz und ihrem Auftreten.

Ein häufiger Verehrer von Mama Polari war ein Brujah, der in ihr nicht nur eine Göttin der frechen Zunge erkannte, sondern auch eine potentielle Sprecherin für die Camarilla. Der Vampir ließ Mama in dem Glauben, dass sie ihn verführen würde, während er seine übernatürlichen Reize auf sie wirken ließ. Der Kuss war scheinbar voller Liebe und Zärtlichkeit, aber seine Lüge wurde schon bald durchschaubar. Mama schickte ihn ganz unverblümt in die Wüste, als sie die wahren Absichten ihres Erzeugers erkannte, und erniedrigte ihn damit vor anderen Kainskindern. In kleinlicher Art und Weise brachte er seine Brujah-Kumpane gegen Mama auf und nannte sein Kind einen Fehlschlag.

Mama tritt noch immer in ihrem Bezirk auf und ihr Ruhm unter den Sethskindern wächst ebenso wie ihre Schande innerhalb des Clans, weil sie auf der Bühne schamlos von „Vamps" und „Blutsaugern" spricht. Wenn Vertreter der Camarilla an sie herantreten, um sie durch Befehle zum Schweigen zu bringen, reagiert sie darauf immer mit ihrer typischen Haltung und ihrem Charme. Anstatt sie direkt zu bestrafen, bot ihr ein Prinz einst die Rolle einer Harpyie an. Sie sagte ihm, wo er sich seinen Vorschlag hinstecken könne und schloss sich aus Trotz den Anarchen an.

Mama Polari fungiert häufig als Mentor für Küken. Sie spielt die Rolle einer zynischen Zicke, hält dabei aber Ausschau nach jenen, die anfällig dafür sind, dass man sie für seine Zwecke ausnutzt, so wie sie

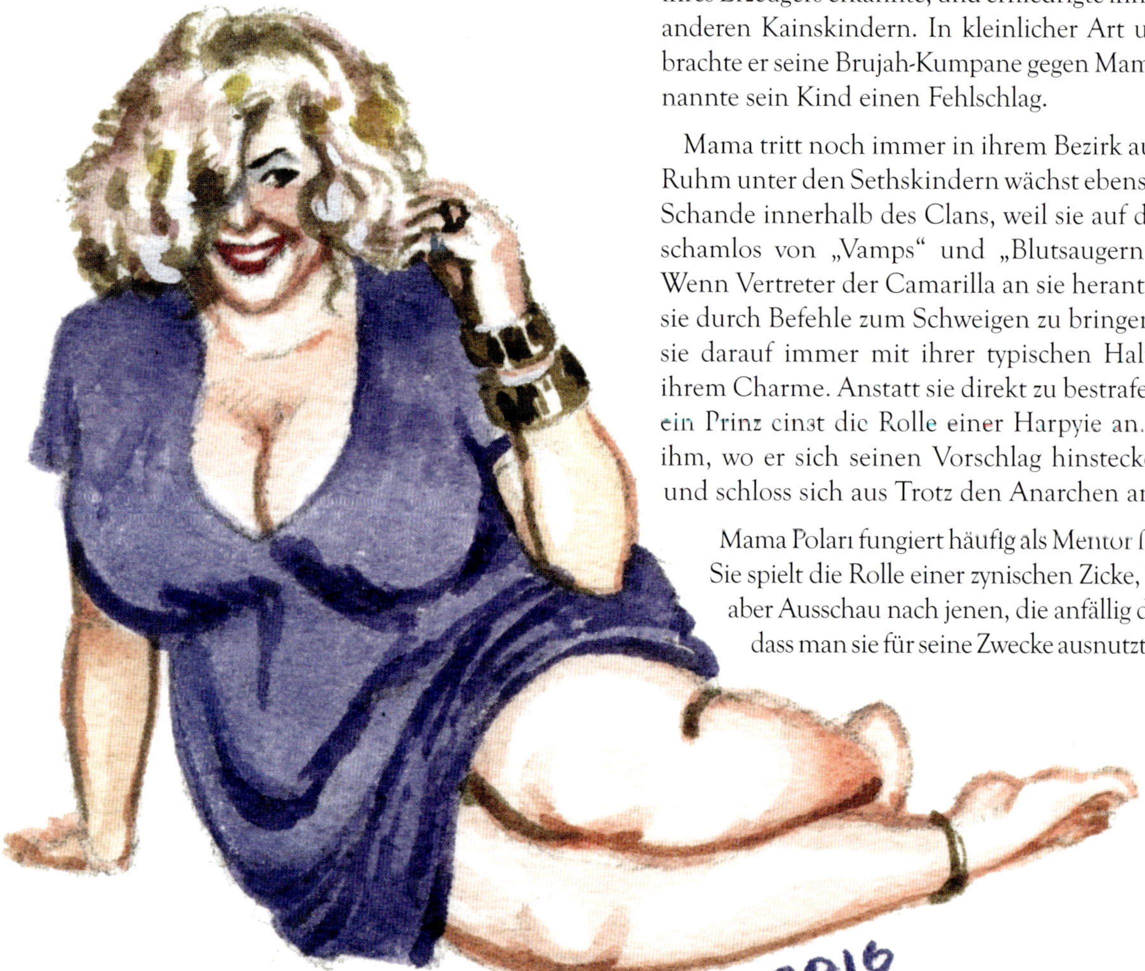

KMZ2016

es war. Wenn sie Vortrag, tut sie dies unter verschiedenen Namen, wie zum Beispiel Lady Polari, Mama Eleganza und Gigi Travolta. Sie kennt sich mit den Slangs der Clubs und Kulturen der Unterwelt aus und zieht es deshalb in Erwägung, innerhalb der Reihen der Anarchen eine Nebensekte ins Leben zu rufen, die ihre eigene Sprache spricht. Sie findet es reizvoll, sich in einem Jargon zu unterhalten, den Außenstehende nicht verstehen.

Beschreibung: Mama ist sowohl bekleidet als auch unbekleidet einfach umwerfend schön. Sie hat eine üppige und kurvenreiche Figur und bewegt sich selbstbewusst. Die Polster, die sie trägt, wenn sie in ihren Fummeln steckt, unterstützen ihre vollbusige Statur und ihre langen Beine und ihr runder Hintern werden in ihren Kleidern immer perfekt in Szene gesetzt. Mama trägt besonders gerne Outfits, die dafür gemacht wurden, jemandem den Kopf zu verdrehen, aber sie sieht niemals geschmacklos aus. Ein paillettenbesetztes Kleid mit einem offenen Rücken, ein seitlich geschlitzter Rock, um etwas Bein zu zeigen und natürlich die perfekte Perücke, die das Outfit komplementiert, sind unerlässlich.

Wenn sie nicht auf der Bühne steht, sieht Mama aus wie ein korpulenter Mann mit weichem, freundlichem Erscheinungsbild. Sie trägt immer ein Lächeln auf den Lippen, das sich gelegentlich zu einem hinterlistigen Schmollmund verzieht und dann von einer hochgezogenen Augenbraue oder einem Zwinkern begleitet wird. Ihren Kopf rasiert sie immer glatt, damit die Haarteile, die sie anlegt, besser passen und trifft damit häufig andere Kainskinder unvorbereitet, wenn sie es gewohnt sind, die verlockende, zurechtgemachte Polari mit der extravaganten Haarpracht zu sehen.

Rollenspielerische Hinweise: Mama hat immer ein Lachen oder eine schnelle Abfuhr bereit, die allerdings meistens auf humorvolle Art und Weise erteilt wird. Es ist besser, Sticheleien zu verteilen, über die sowohl der Scherzbold als auch die Zielperson lachen können, wenn Humor das einzige Bestreben ist.

Sie liebt es, diejenigen zu provozieren, die sie missachtet, vor allem an öffentlichen Orten, an denen andere der Hänselei beiwohnen können. Der Schlüssel zu einer guten Neckerei ist es, die Zielperson zu erforschen, sei es durch direkte Fragen oder dadurch, dass man sich über seine Kleidung, seine Angewohnheiten und seinen Ruf ein Bild von seiner Persönlichkeit macht.

Mama spricht wie eine Anarchin, aber sie ist keine Idealistin. Wenn sie über ihre eigene Sekte spricht, ist sie rasch mit der Verunglimpfung ihrer Verfehlungen bei der Hand. Sie fühlt sich in der Gegenwart von Küken und Neugeborenen wohler, wo sie sich wie eine Glucke verhalten kann. Mama ist nur selten gewalttätig, setzt sich aber auch körperlich für jeden ein, der übermäßig verfolgt wird.

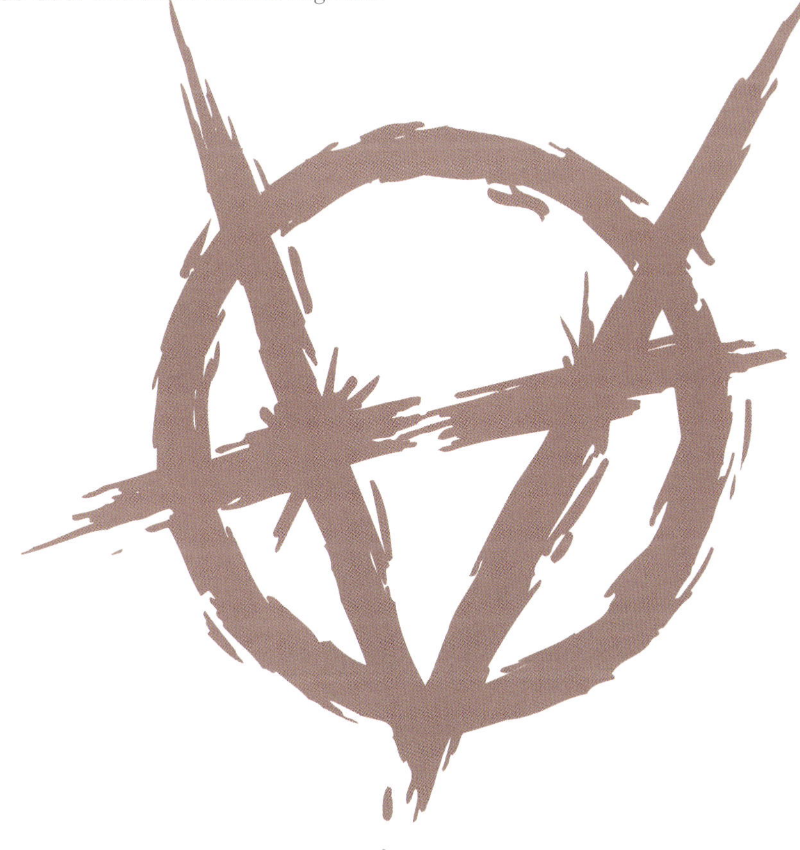

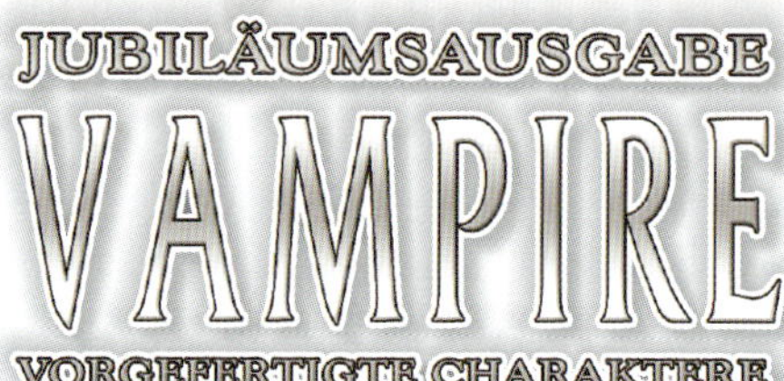

Name: Mama Polari
Spieler:
Chronik:

Wesen: Helfer
Verhalten: Gigolo
Konzept: temperamentvolle Königin

Clan/Blutlinie: Brujah
Generation: 12.
Sekte: Anarchen

Attribute

Körperlich		Gesellschaftlich		Geistig	
Körperkraft	●●●○○	Charisma	●●●○○	Wahrnehmung	●●○○○
Geschick	●●○○○	Manipulation	●●○○○	Intelligenz	●●○○○
Widerstandsfähigkeit	●●●○○	Erscheinungsbild (unvergesslich)	●●●●●	Geistesschärfe	●●○○○

Fähigkeiten

Talente		Fertigkeiten		Kenntnisse	
Aufmerksamkeit	○○○○○	Diebstahl	○○○○○	Akademisches Wissen (Drama)	●●○○○
Ausdruck	●●●○○	Etikette	●●○○○	Computer	○○○○○
Ausflüchte	●○○○○	Fahren	○○○○○	Finanzen	○○○○○
Einschüchtern	●●○○○	Handwerk	○○○○○	Gesetzeskenntnis	●○○○○
Empathie	●●●○○	Heimlichkeit	○○○○○	Medizin	○○○○○
Führungsqualitäten	●○○○○	Nahkampf	○○○○○	Nachforschungen	○○○○○
Handgemenge	●○○○○	Schusswaffen	●●○○○	Naturwissenschaften	○○○○○
Magiegespür	○○○○○	Tierkunde	○○○○○	Okkultismus	○○○○○
Sportlichkeit	●○○○○	Überleben	○○○○○	Politik	●○○○○
Szenekenntnis	●○○○○	Vortrag (Singen)	●●●●○	Technologie	○○○○○
	○○○○○		○○○○○		○○○○○

Vorteile

Disziplinen		Hintergründe		Tugenden	
Geschwindigkeit	●○○○○	Deckidentität	●●○○○	Gewissen/~~Überzeugung~~	●●●○○
Präsenz	●●○○○	Generation	●○○○○	Selbstbeherrschung/~~Instinkt~~	●●●○○
Stärke	●○○○○	Herde	●○○○○	Mut	●●●●○
	○○○○○	Kontakte	●●○○○		
	○○○○○	Ressourcen	●●○○○		
	○○○○○	Ruhm	●●●○○		

Vorzüge & Schwächen

Vorzüge	Kosten
Dynamische Persönlichkeit (Wissen der Clans S. 48)	5
Sprachen	1

Schwäche	Kosten
Schande für das Blut	3
Alte Flamme	2
Nicht überzeugt	1

Menschlichkeit/~~Pfad~~

●●●●●●○○○○

Haltung: Normalität (+0)

Willenskraft

●●●●●●○○○○

☐☐☐☐☐☐☐☐☐☐

Blutvorrat

☐☐☐☐☐☐☐☐☐☐
☐☐☐☐☐☐☐☐☐☐

Blut pro Runde: ______

Gesundheit

Blaue Flecken		☐
Verletzt	-1	☐
Schwer verletzt	-1	☐
Verwundet	-2	☐
Schwer Verwundet	-2	☐
Verkrüppelt	-5	☐
Außer Gefecht		☐

Notizen

Attribute: 7/5/3 • Fähigkeiten: 13/9/5 • Disziplinen: 3 • Hintergründe: 5 • Tugenden: 7 • Freie Zusatzpunkte: 15 (7/5/2/1)

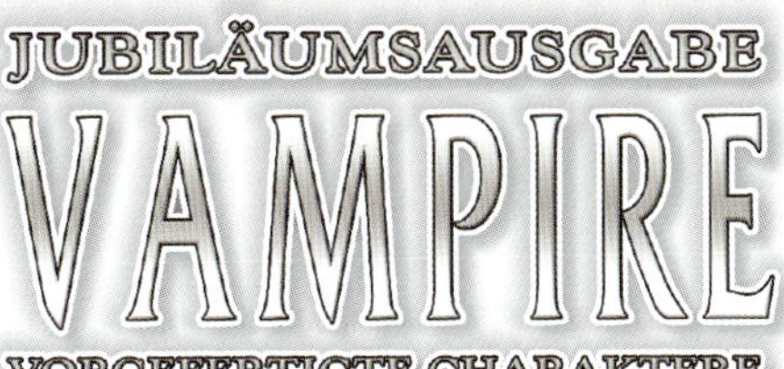

Name: Mama Polari
Spieler:
Chronik:

Wesen: Helfer
Verhalten: Gigolo
Konzept: mörderische Königin

Clan/Blutlinie: Brujah
Generation: 12.
Sekte: Anarchen

Attribute

Körperlich
Körperkraft ●●●○○
Geschick ●●○○○
Widerstandsfähigkeit ●●●○○

Gesellschaftlich
Charisma ●●●○○
Manipulation ●●○○○
Erscheinungsbild (unvergesslich) ●●●●●

Geistig
Wahrnehmung ●●○○○
Intelligenz ●●○○○
Geistesschärfe ●●○○○

Fähigkeiten

Talente
Aufmerksamkeit ○○○○○
Ausdruck ●●●○○
Ausflüchte ●●○○○
Einschüchtern ●●○○○
Empathie ●●●○○
Führungsqualitäten ●●○○○
Handgemenge ●●●○○
Magiegespür ○○○○○
Sportlichkeit ●●○○○
Szenekenntnis ●●●○○
○○○○○

Fertigkeiten
Diebstahl ○○○○○
Etikette ●●○○○
Fahren ○○○○○
Handwerk ○○○○○
Heimlichkeit ○○○○○
Nahkampf ○○○○○
Schusswaffen ●●○○○
Tierkunde ○○○○○
Überleben ●○○○○
Vortrag (Singen) ●●●●○
○○○○○

Kenntnisse
Akademisches Wissen (Drama) ●●○○○
Computer ○○○○○
Finanzen ○○○○○
Gesetzeskenntnis ●○○○○
Medizin ○○○○○
Nachforschungen ○○○○○
Naturwissenschaften ○○○○○
Okkultismus ○○○○○
Politik ●●●○○
Technologie ○○○○○
○○○○○

Vorteile

Disziplinen
Geschwindigkeit ●●○○○
Präsenz ●●●●○
Stärke ●●○○○
○○○○○
○○○○○
○○○○○

Hintergründe
Deckidentität ●●●○○
Generation ●○○○○
Herde ●●○○○
Kontakte ●●●○○
Ressourcen ●●●○○
Ruhm ●●●○○

Tugenden
Gewissen/~~Überzeugung~~ ●●●○○
Selbstbeherrschung/~~Instinkt~~ ●●●○○
Mut ●●●●○

Vorzüge & Schwächen

Vorzüge	Kosten
Dynamische Persönlichkeit (Wissen der Clans S. 48)	5
Sprachen	1

Schwäche	Kosten
Schande für das Blut	3
Alte Flamme	2
Nicht überzeugt	1

Menschlichkeit/~~Pfad~~
●●●●●●○○○○
Haltung: Normalität (+0)

Willenskraft
●●●●●●○○○○
□□□□□□□□□□

Blutvorrat
□□□□□□□□□□
□□□□□□□□□□
Blut pro Runde:

Gesundheit
Blaue Flecken		□
Verletzt	-1	□
Schwer verletzt	-1	□
Verwundet	-2	□
Schwer Verwundet	-2	□
Verkrüppelt	-5	□
Außer Gefecht		□

Notizen
Kombinierte Disziplin:
Geißel Alectos
(Wissen der Clans S. 51)

Attribute: 7/5/3 • Fähigkeiten: 13/9/5 • Disziplinen: 3 • Hintergründe: 5 • Tugenden: 7 • Freie Zusatzpunkte: 15 (7/5/2/1)

Ezequiel Coyotl

„Ich glaube nicht an Kain oder eure Vorsintflutlichen. Ich kenne uralte Götter, die unter der Erde wandeln und die weitaus älter sind als alles, was in irgendeinem Buch Nod steht."

„Der Respekt, den ich Ihrer Domäne entgegenbringe, entspricht der Wertschätzung, die Ihre Sekte der meinen entgegenbringt."

„Sie können meine Warnung beherzigen oder es lassen, ich werde so oder so an Ihrer Seite sein, wenn der Spiegel zerbricht."

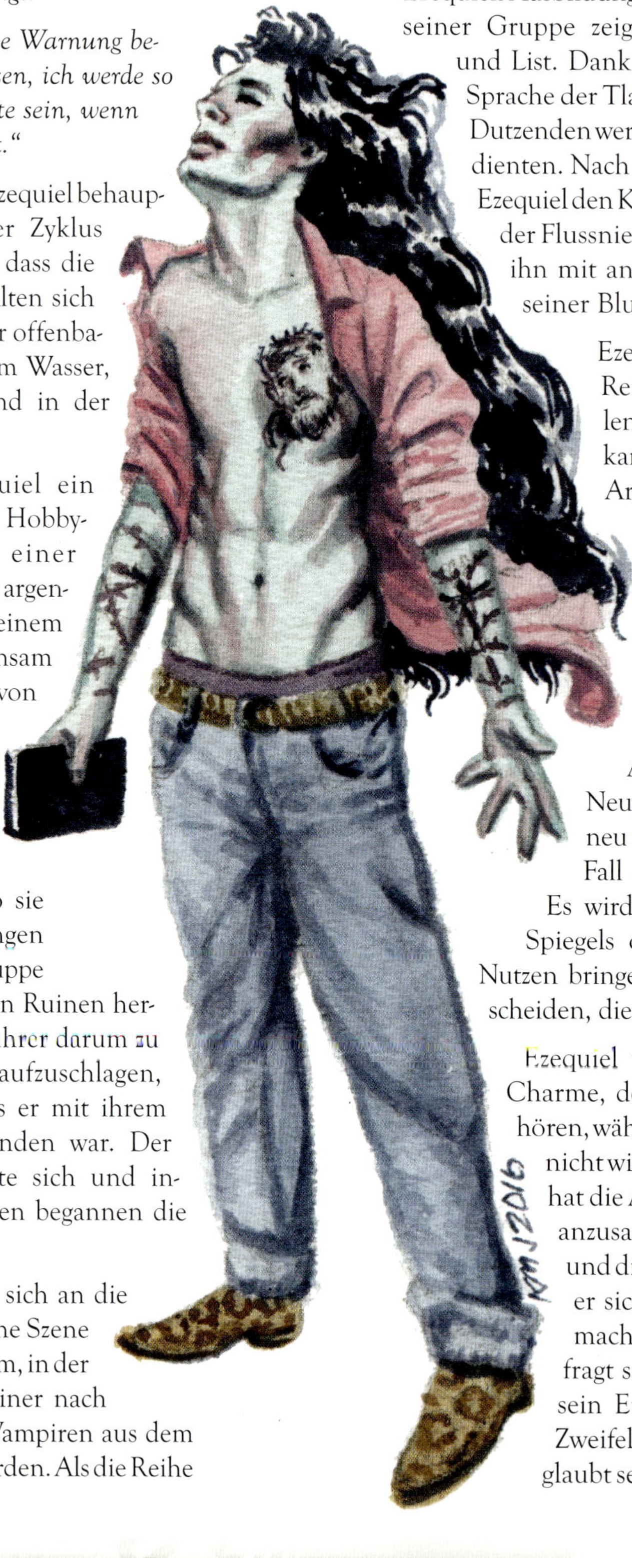

Hintergrund: Ezequiel behauptet, dass ein neuer Zyklus begonnen hat und dass die Geschlechter der Alten sich erheben. Die Götter offenbaren sich abermals im Wasser, in den Sternen und in der Finsternis.

Einst war Ezequiel ein Missionar und ein Hobby-Archäologe mit einer Mischung aus einem argentinischen Erbe und einem der Nahua. Gemeinsam mit einer Gruppe von Freunden heuerte er einen Führer an, der sie zu einer abgelegenen Acolhua-Ruine begleiten sollte, wo sie kleinere Ausgrabungen machten. Als die Gruppe Jugendlicher aus den Ruinen herauskam, um den Führer darum zu bitten, ein Lager aufzuschlagen, bemerkten sie, dass er mit ihrem Fahrzeug verschwunden war. Der Himmel verfinsterte sich und innerhalb von Minuten begannen die Schreie.

Ezequiel erinnert sich an die Ereignisse wie an eine Szene aus einem Horrorfilm, in der seine Kameraden einer nach dem anderen von Vampiren aus dem Tempel ergriffen wurden. Als die Reihe an ihm und seiner besten Freundin war, schleuderte er sie in den Rachen des verunstalteten Halunken, der aus der Erde hervorbrach, und fiel selbst auf die Knie, um um Gnade zu bitten.

Der Vampir verschonte Ezequiel. Während des Tags kehrte sein Ghul – der Führer – wieder zurück und Ezequiels Ausbildung begann. Als letzter Überlebender seiner Gruppe zeigte er alle nötigen Fähigkeiten und List. Dank seiner Intelligenz konnte er die Sprache der Tlacique erlernen und zu einem der Dutzenden werden, die dem Rauchenden Spiegel dienten. Nach einigen Jahren als Ghul empfing Ezequiel den Kuss und wurde in die Tunnel unter der Flussniederung gesandt, wo sein Erzeuger ihn mit anderen schlafenden Angehörigen seiner Blutlinie bekannt machte.

Ezequiels Erzeuger erklärte, dass eine Reihe von Erblinien in Starre verfallen war, bevor die Konquistadoren kamen, da sie ein Gehenna für ihre Art vorhergesehen hatten. Mit dem Beginn eines neuen Zyklus werden sich diese Abstammungen wieder erheben, hungrig und abscheulich. Die Vampire Europas können sich den Tlacique entweder als Verbündete anschließen oder zu Opfern für die Alten werden. In den Händen der Neugeborenen wird es liegen, die Welt neu zu formen, wenn der Aufstieg und Fall der Methusalems erst beginnen. Es wird den Kindern des Rauchenden Spiegels obliegen, diejenigen, die ihnen Nutzen bringen können, von denen zu unterscheiden, die zu Futter werden.

Ezequiel verfügt über den notwendigen Charme, der Leute dazu bringt, ihm zuzuhören, während seine Jugend ihn gleichzeitig nicht wie eine Bedrohung wirken lässt. Er hat die Aufgabe, Wissen über die Sekten anzusammeln, sich in sie zu integrieren und die Clans einzuschätzen. Während er sich mit den Geschichten vertraut macht, die andere Vampire verfechten, fragt sich ein kleiner Teil von ihm, ob sein Erzeuger die Wahrheit sagt. Der Zweifel ist aber nur gering. Ezequiel glaubt selbst daran und überzeugt andere von der aufziehenden Bedrohung durch die Alten, als ob Leben davon abhingen.

Beschreibung: Ezequiel ist ein hochgewachsener, magerer Mann mit fahlem Teint und tief eingefallenen Wangen. Er sieht aus, als hätte er seit Monaten kein ordentliches Essen mehr auf dem Tisch gehabt. Sein schwarzes Haar ist lang und hängt bis auf seine Taille herab, wenn er es nicht zu einem aufwendigen Haarknoten hochgebunden hat. In seinen Gesichtszügen spiegelt sich sein gemischtes Erbe wider und während des Elysiums oder anderen großen Veranstaltungen trägt er dem manchmal mit Farben Rechnung, um andere zu besänftigen.

Ezequiel trägt überwiegend Leinenhemden und Hosen und man sieht ihn nur selten ohne seinen Gürtel und seine Stiefel aus Schlangenleder. Er trägt eine Tätowierung mit dem Gesicht Christi über dem Herzen und auf jedem Unterarm ein Kruzifix, das mit einem Dornenstrauch verbunden ist. So wie ein Prediger vielleicht seine kleine Bibel bei sich trägt, ist Ezequiel nur selten ohne sein eigenes kleines schwarzes Büchlein unterwegs, in dem er die Vampire zusammenträgt, denen er begegnet, seine Eindrücke von ihnen, ihre Herkunft und ihre Sekten.

Rollenspielerische Hinweise: Ezequiel glaubt wahrhaft an die Gefahr von Hunderten erwachender Vampire, die über ganz Amerika verstreut sind. Ein Großteil seiner Unterhaltungen ist leidenschaftlich erregt und häufig setzt er Gesten ein, um seinen Argumenten Gewicht zu verleihen. Er hält nichts davon, Leute mit Gewalt dazu zu bringen, sich seinen Überzeugungen anzuschließen, sondern möchte, dass diejenigen, mit denen er spricht, dies aus freien Stücken tun.

Er ist fasziniert von den intriganten Machenschaften der Sekten und gequält von Gerüchten, die er über die Wahre Schwarze Hand aufgeschnappt hat. Vampire, die anderen Sekten angehören, behandelt er mit neugierigem Staunen, indem er Notizen und Querverweise in sein Büchlein kritzelt, wie es ein Tourist in einem fremden Land tun würde. Ezequiel ist daran interessiert, herauszufinden, ob es wirklich eine Verbindung seiner Blutlinie zu den Jüngern des Set gibt. Sein Erzeuger hat die Schlangen niemals erwähnt, deshalb stürzt sich Ezequiel auf jede Gelegenheit, um sie zu studieren.

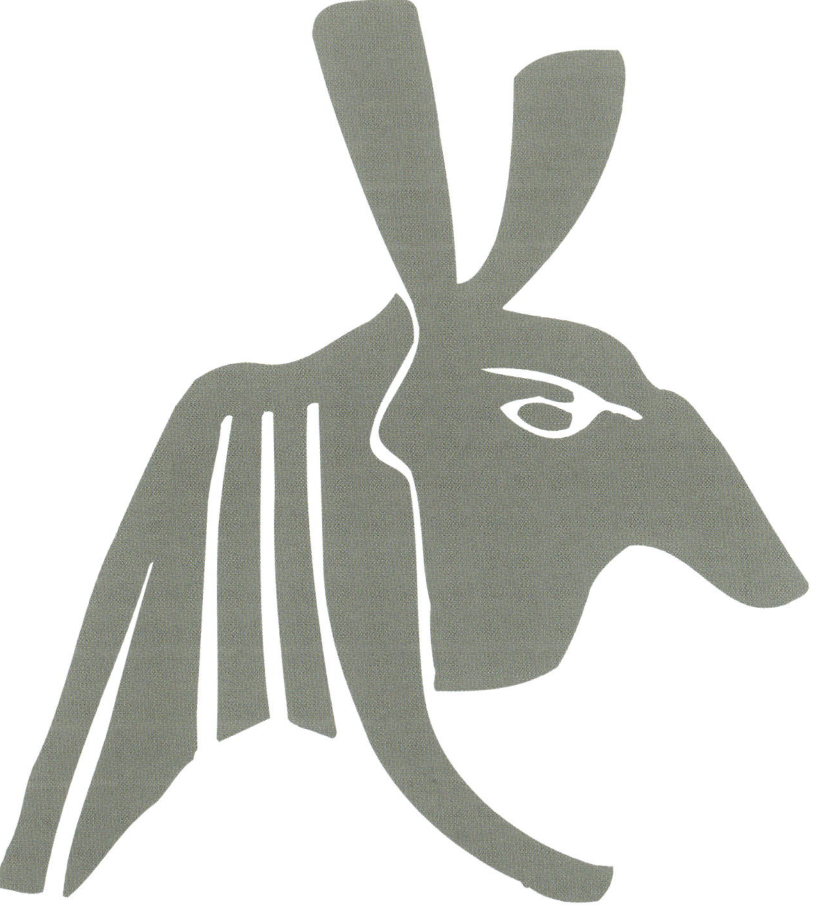

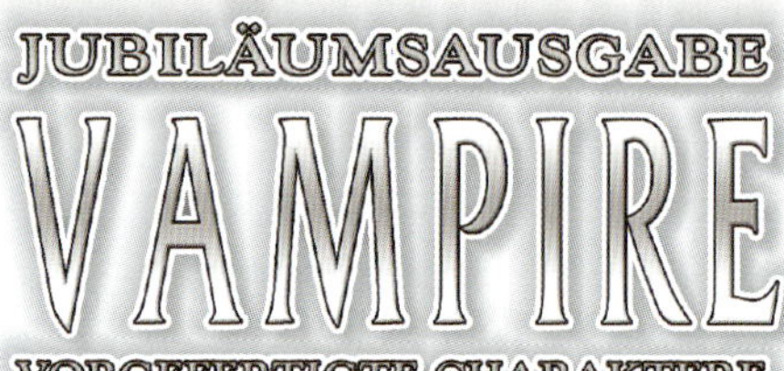

Name: Ezequiel Coyotl	**Wesen:** Fanatiker	**Clan/Blutlinie:** Tlacique
Spieler:	**Verhalten:** Idealist	**Generation:** 10.
Chronik:	**Konzept:** Untergangsprophet	**Sekte:** Unabhängige

Attribute

Körperlich		Gesellschaftlich		Geistig	
Körperkraft	●●○○○	Charisma (redegewandt)	●●●●○	Wahrnehmung	●●●○○
Geschick	●●○○○	Manipulation	●●●●●	Intelligenz	●●●○○
Widerstandsfähigkeit	●●○○○	Erscheinungsbild	●○○○○	Geistesschärfe	●●○○○

Fähigkeiten

Talente		Fertigkeiten		Kenntnisse	
Aufmerksamkeit	●○○○○	Diebstahl	○○○○○	Akademisches Wissen (Archäologie)	●●○○○
Ausdruck	●●●○○	Etikette	●○○○○	Computer	○○○○○
Ausflüchte	●●●○○	Fahren	●○○○○	Finanzen	○○○○○
Einschüchtern	●●○○○	Handwerk	○○○○○	Gesetzeskenntnis	○○○○○
Empathie	●○○○○	Heimlichkeit	●●●○○	Medizin	○○○○○
Führungsqualitäten	○○○○○	Nahkampf	○○○○○	Nachforschungen	●○○○○
Handgemenge	○○○○○	Schusswaffen	●●○○○	Naturwissenschaften	○○○○○
Magiegespür	●●○○○	Tierkunde	○○○○○	Okkultismus	●●●○○
Sportlichkeit	●○○○○	Überleben	●○○○○	Politik	●●○○○
Szenekenntnis	○○○○○	Vortrag	●●○○○	Technologie	○○○○○
	○○○○○		○○○○○		○○○○○

Vorteile

Disziplinen		Hintergründe		Tugenden	
Gestaltwandel	●○○○○	Gefolgsleute	●●○○○	Gewissen/~~Überzeugung~~	●●●○○
Präsenz	●○○○○	Generation	●●●○○	Selbstbeherrschung/~~Instinkt~~	●●●○○
Verdunkelung	●○○○○	Kontakte	●●○○○	Mut	●●●●○
	○○○○○	Mentor	●●●○○		
	○○○○○	Ressourcen	●○○○○		
	○○○○○		○○○○○		

Vorzüge & Schwächen

Vorzüge	Kosten
Ehemaliger Ghul	1
Sprachen	2

Schwäche	Kosten
Gebunden	2
Gespaltene Zunge (WdC, Seite 103)	2

Menschlichkeit/~~Pfad~~

●●●●●●○○○○

Haltung: Normalität (+0)

Willenskraft

●●●●●○○○○○

☐☐☐☐☐☐☐☐☐☐

Blutvorrat

☐☐☐☐☐☐☐☐☐☐
☐☐☐☐☐☐☐☐☐☐

Blut pro Runde:

Gesundheit

Blaue Flecken		☐
Verletzt	-1	☐
Schwer verletzt	-1	☐
Verwundet	-2	☐
Schwer Verwundet	-2	☐
Verkrüppelt	-5	☐
Außer Gefecht		☐

Notizen

Kombinierte Disziplin: Geißel Alectos (Wissen der Clans S. 51)

Attribute: 7/5/3 • Fähigkeiten: 13/9/5 • Disziplinen: 3 • Hintergründe: 5 • Tugenden: 7 • Freie Zusatzpunkte: 15 (7/5/2/1)

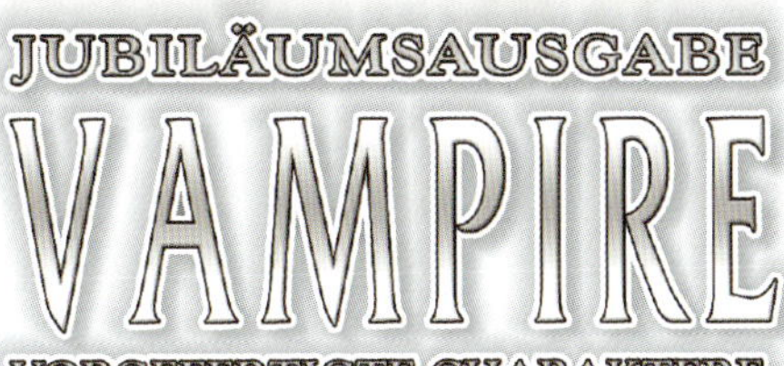

Name: Ezequiel Coyotl
Spieler:
Chronik:

Wesen: Fanatiker
Verhalten: Idealist
Konzept: Wanderndes Omen

Clan/Blutlinie: Tlacique
Generation: 10.
Sekte: Unabhängige

Attribute

Körperlich

Körperkraft	●●OOO
Geschick	●●●OO
Widerstandsfähigkeit	●●OOO

Gesellschaftlich

Charisma (redegewandt)	●●●●O
Manipulation (diskrete Verkaufstaktik)	●●●●●
Erscheinungsbild	●OOOO

Geistig

Wahrnehmung	●●●OO
Intelligenz (vererbtes Wissen)	●●●●O
Geistesschärfe	●●OOO

Fähigkeiten

Talente

Talent	Wert
Aufmerksamkeit	●●OOO
Ausdruck	●●●OO
Ausflüchte (komplexe Geschichten)	●●●●O
Einschüchtern	●●OOO
Empathie	●●OOO
Führungsqualitäten	OOOOO
Handgemenge	OOOOO
Magiegespür	●●OOO
Sportlichkeit	●●OOO
Szenekenntnis	OOOOO
	OOOOO

Fertigkeiten

Diebstahl	OOOOO
Etikette	●OOOO
Fahren	●OOOO
Handwerk	OOOOO
Heimlichkeit	●●●OO
Nahkampf	OOOOO
Schusswaffen	●●OOO
Tierkunde	OOOOO
Überleben	●●OOO
Vortrag	●●●OO
	OOOOO

Kenntnisse

Akademisches Wissen (Archäologie)	●●OOO
Computer	OOOOO
Finanzen	OOOOO
Gesetzeskenntnis	OOOOO
Medizin	OOOOO
Nachforschungen (Glaubwürdigkeit)	●●●●O
Naturwissenschaften	OOOOO
Okkultismus	●●●OO
Politik	●●OOO
Technologie	OOOOO
	OOOOO

Vorteile

Disziplinen

Beherrschung	●OOOO
Gestaltwandel	●●OOO
Präsenz	●●OOO
Verdunkelung	●●OOO
	OOOOO
	OOOOO

Hintergründe

Gefolgsleute	●●OOO
Generation	●●●OO
Kontakte	●●OOO
Mentor	●●●OO
Ressourcen	●OOOO
	OOOOO

Tugenden

Gewissen/~~Überzeugung~~	●●●OO
Selbstbeherrschung/~~Instinkt~~	●●●OO
Mut	●●●●O

Vorzüge & Schwächen

Vorzüge	Kosten
Ehemaliger Ghul	1
Sprachen	2

Schwäche	Kosten
Gebunden	2
Gespaltene Zunge (WdC, Seite 103)	2

Menschlichkeit/~~Pfad~~

●●●●●●OOOO

Haltung: Normalität (+0)

Willenskraft

●●●●●OOOOO
□□□□□□□□□□

Blutvorrat

□□□□□□□□□□
□□□□□□□□□□

Blut pro Runde:

Gesundheit

Stufe	Abzug	
Blaue Flecken		□
Verletzt	-1	□
Schwer verletzt	-1	□
Verwundet	-2	□
Schwer Verwundet	-2	□
Verkrüppelt	-5	□
Außer Gefecht		□

Notizen

Attribute: 7/5/3 • Fähigkeiten: 13/9/5 • Disziplinen: 3 • Hintergründe: 5 • Tugenden: 7 • Freie Zusatzpunkte: 15 (7/5/2/1)

Mu'tazz Bechara

„Haben Sie schon einmal gespürt, wie Ihr Atlantoaxialgelenk rausspringt und der Schmerz bis zu Ihrem Genick hinauf zieht? Wie wäre es jetzt?

„Ich kann es mir nicht erlauben, gegen eines der Sethskinder zu kämpfen. Ganz gleich, wie groß und schnell sie auch sein mögen, es ist niemals ehrenvoll, einen Zweig zu zerbrechen."

„Um der Beste zu sein, muss man den Besten schlagen."

Hintergrund: Als vierter Sohn in einem Wurf aus sieben Kindern hat Mu'tazz sich immer dazu angetrieben, über den anderen zu stehen. Sein Vater war ein gefeierter Wrestler für eine internationale Promotionshow und jeder seiner Brüder und Schwestern war auf irgendeine Art und Weise an dem Geschäft beteiligt. Anstatt den Weg einzuschlagen, ein Kostüm anzulegen und sich einen Künstlernamen zuzulegen, um Beirut zu verlassen und zur Unterhaltung von Familien zu wresteln, wählte Mu'tazz einen anderen Entwicklungsverlauf. Er eignete sich das Shootfighting an, wobei er seine Gegner ganz legitim so lange mit den Fäusten bearbeiten und bis zum Äußersten belasten konnte, bis sie erledigt waren oder um Gnade schrien. Er verwendete immer seinen echten Namen und war stolz darauf, sich als den wahrhaft harten Mann aus der Bechara-Familie bezeichnen zu können.

In seinen Zwanzigern und Dreißigern konnte Mu'tazz Siege auf der ganzen Welt verzeichnen. Er stellte sogar seine eigene Promotion auf die Beine –Shoot Dojo – in der er Anwärter ausbildete und eine bezahlte Online-Sendung für Zuschauer des Sports startete. Mitglieder eines Rudels aus dem Sabbat wurden zu begeisterten Fans der Show. Sie reisten an, um Mu'tazz live kämpfen zu sehen, und einer von ihnen – ein Land-Gangrel – folgte seinem offenen Aufruf, live in einem unvorbereiteten Aufeinandertreffen gegen ihn zu kämpfen.

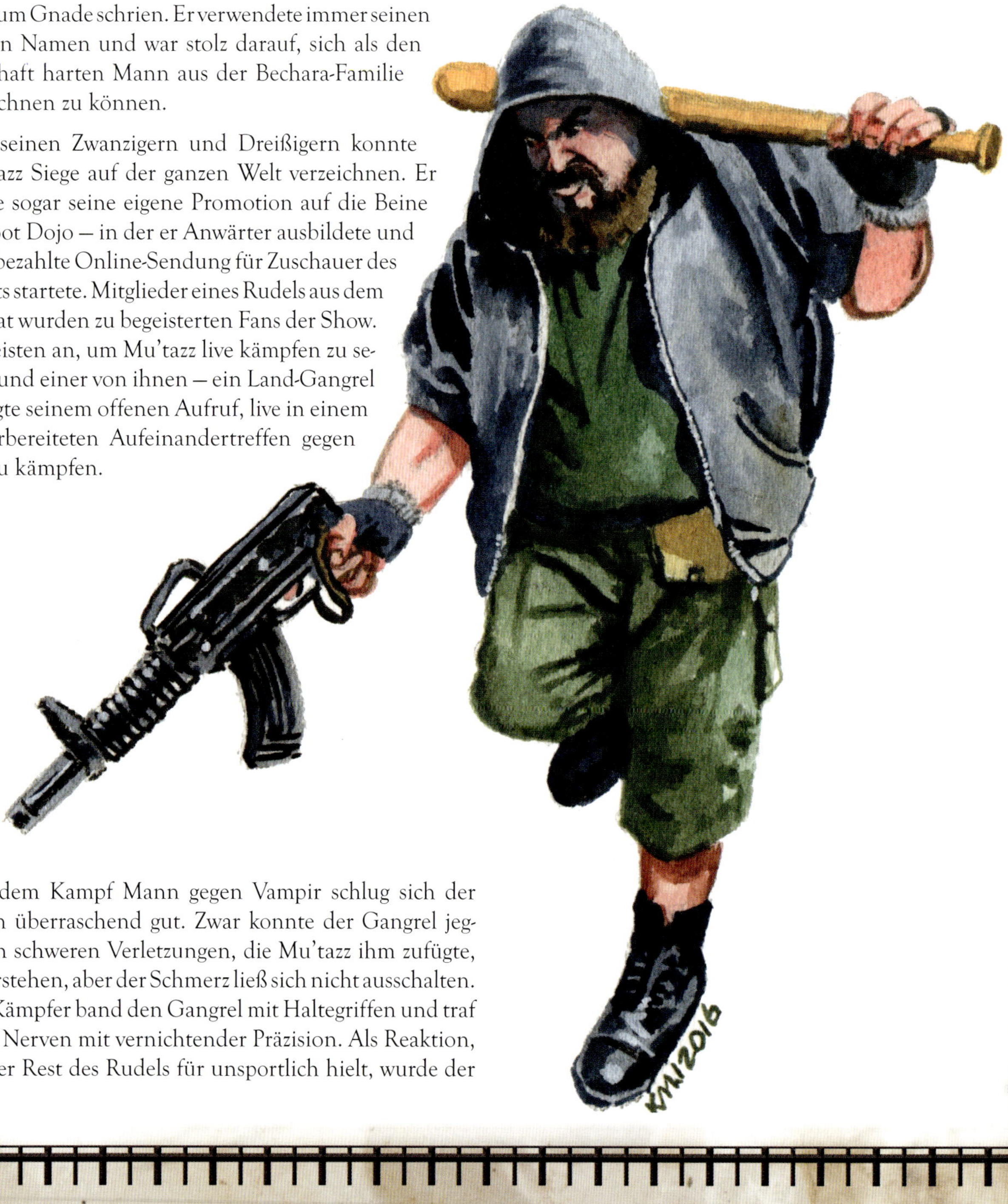

In dem Kampf Mann gegen Vampir schlug sich der Mann überraschend gut. Zwar konnte der Gangrel jeglichen schweren Verletzungen, die Mu'tazz ihm zufügte, widerstehen, aber der Schmerz ließ sich nicht ausschalten. Der Kämpfer band den Gangrel mit Haltegriffen und traf seine Nerven mit vernichtender Präzision. Als Reaktion, die der Rest des Rudels für unsportlich hielt, wurde der

Gangrel frustriert und brach das Genick des Sterblichen ohne Vorwarnung. Die Online-Sendung wurde beendet, das Rudel warf das gesamte Publikum vor Ort hinaus und Mu'tazz empfing den Kuss als Belohnung für seine hervorragende Leistung.

Mu'tazz ist zwar dankbar, dass er eine zweite Chance zu leben bekommen hat, glücklich ist er in seinem derzeitigen Zustand aber nicht. Er akzeptiert, dass er mehr ist als ein Mensch und nimmt auch an den Ritualen des Sabbat teil, aber wie schon zu Lebzeiten möchte er nichts anderes als seine Fähigkeiten mit denen zu messen, die sich eines Wettkampfes gegen ihn als würdig erweisen. Menschen bringen es nur selten, deshalb neigt er dazu, andere Kainiten in Monomazie-Kämpfen herauszufordern. Er erklärt seine Sporthalle und das sie umgebende Gebiet zu seinem Terrain, damit er einen Vorwand hat, um jedem Vampir den Kampf anzusagen, der es versehentlich betritt, aber er sucht auch die größere Herausforderung.

Sein Erzeuger und sein Rudel rügen Mu'tazz lautstark für sein offenkundiges Menschsein. Sein Widerwille, Sterbliche zu verletzten und es verdammt nochmal zu genießen distanzierte ihn von seinem Erzeuger. Eine Vampirin auf dem Pfad des Ehrenwerten Einklangs hat von den Ansichten des Neugeborenen gehört und seitdem begonnen, Mu'tazz ihre Philosophie näherzubringen, die Anstand und Rechtschaffenheit mit innerer Stärke belohnt.

Mu'tazz würde nichts lieber tun als irgendwann den besten Kämpfer herauszufordern, den die Camarilla zu bieten hat. Er brennt darauf, es mit dem härtesten Sheriff oder dem grausamsten Archonten aufzunehmen. Dabei macht er keinen Unterschied, welchem Clan oder welcher Blutlinie jemand angehört.

Beschreibung: Mu'tazz ist ein mit Muskeln bepackter Mann libanesischer Abstammung. Sein kahler Kopf und sein dichter, dunkler Bart sind seine Markenzeichen. Mu'tazzs Hände sind wie Vorschlaghammer und er neigt dazu, unbewusst seine Arme zu beugen und seine Fäuste in Verteidigungshaltung zu bringen. Mu'tazz steht selten still, es sei denn, er setzt zum Schlag an. In diesem Augenblick verdunkeln sich seine Augen und er setzt sich blitzschnell in Bewegung.

Wenn er kämpft, trägt Mu'tazz kurze Hosen, Stiefel und Handschuhe. In der Welt außerhalb der Sporthalle trägt er lockere Trainingskleidung, die gut verbirgt, wie muskulös er ist. Er ist darum bemüht, nicht einschüchternd zu wirken, aber da sein Kopf aufgrund seiner gebrochenen Wirbelsäule permanent nach vorne geneigt ist, sieht es aus, als würde er andauernd finster blicken.

Rollenspielerische Hinweise: Mu'tazz ist ein überraschend freundlicher Kainit. Er ist körperlich zugeneigt, klopft Leuten auf den Rücken, tätschelt ihnen lachend das Gesicht und häufig balgt er sich zum Spaß. Tatsächlich hört er niemals auf, einen potentiellen Gegner abzuschätzen. Durch freundschaftliche Kämpfe und plötzliche Hiebe stellt er andere auf die Probe, um zu sehen, welche Reaktion ihn erwartet.

Mu'tazz versucht ständig, seine Kräfte zu messen und seine Überlegenheit zur Geltung zu bringen. Leute, die übertriebene Gewalt oder Grausamkeit in einem Kampf einsetzen, missbilligt er und er betrachtet es als einen Verstoß gegen seinen persönlichen Kodex, wenn ein Herausforderer zu Tode kommt.

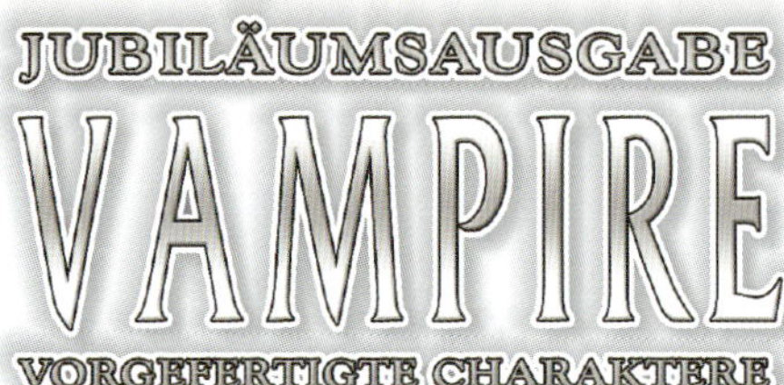

Name: Mu'tazz Bechara	**Wesen:** Visionär	**Clan/Blutlinie:** Land-Gangrel
Spieler:	**Verhalten:** Sensations-Junkie	**Generation:** 12.
Chronik:	**Konzept:** MMA Rentner	**Sekte:** Sabbat

Attribute

Körperlich		Gesellschaftlich		Geistig	
Körperkraft	●●●○○	Charisma	●●○○○	Wahrnehmung	●●○○○
Geschick (gnadenlose Stöße)	●●●●○	Manipulation	●●○○○	Intelligenz	●●○○○
Widerstandsfähigkeit	●●●○○	Erscheinungsbild	●●○○○	Geistesschärfe (Reaktionen)	●●●●○

Fähigkeiten

Talente		Fertigkeiten		Kenntnisse	
Aufmerksamkeit	●●○○○	Diebstahl	○○○○○	Akademisches Wissen	○○○○○
Ausdruck	○○○○○	Etikette	●○○○○	Computer	●○○○○
Ausflüchte	○○○○○	Fahren	●●○○○	Finanzen	○○○○○
Einschüchtern (Eindrucksvoll)	●●●●○	Handwerk	○○○○○	Gesetzeskenntnis	○○○○○
Empathie	●○○○○	Heimlichkeit	●○○○○	Medizin	●○○○○
Führungsqualitäten	○○○○○	Nahkampf	○○○○○	Nachforschungen	○○○○○
Handgemenge (Käfigkampf)	●●●●○	Schusswaffen	○○○○○	Naturwissenschaften	●●○○○
Magiegespür	○○○○○	Tierkunde	●○○○○	Okkultismus	●○○○○
Sportlichkeit (Shoot Wrestling)	●●●●○	Überleben	●●○○○	Politik	○○○○○
Szenekenntnis	●○○○○	Vortrag (Showman)	●●○○○	Technologie	○○○○○
	○○○○○		○○○○○		○○○○○

Vorteile

Disziplinen		Hintergründe		Tugenden	
Gestaltwandel	●●○○○	Domäne	●●○○○	Gewissen/~~Überzeugung~~	●●●○○
Seelenstärke	●●○○○	Generation	●○○○○	Selbstbeherrschung/~~Instinkt~~	●●○○○
	○○○○○	Kontakte	●○○○○	Mut	●●●●●
	○○○○○	Mentor	●○○○○		
	○○○○○	Ressourcen	●●○○○		
	○○○○○	Ruhm	●●○○○		

Vorzüge & Schwächen

Vorzüge	Kosten
Sprachen	1

Schwäche	Kosten
Ortsgebunden	2

~~Menschlichkeit~~/Pfad

Pfad des Ehrenwerten Einklangs

●●●●●●○○○○

Haltung: Hingebung (+0)

Willenskraft

●●●●●○○○○○

□□□□□□□□□□

Blutvorrat

□□□□□□□□□□

□□□□□□□□□□

Blut pro Runde:

Gesundheit

Blaue Flecken		□
Verletzt	-1	□
Schwer verletzt	-1	□
Verwundet	-2	□
Schwer Verwundet	-2	□
Verkrüppelt	-5	□
Außer Gefecht		□

Notizen

Attribute: 7/5/3 • Fähigkeiten: 13/9/5 • Disziplinen: 3 • Hintergründe: 5 • Tugenden: 7 • Freie Zusatzpunkte: 15 (7/5/2/1)

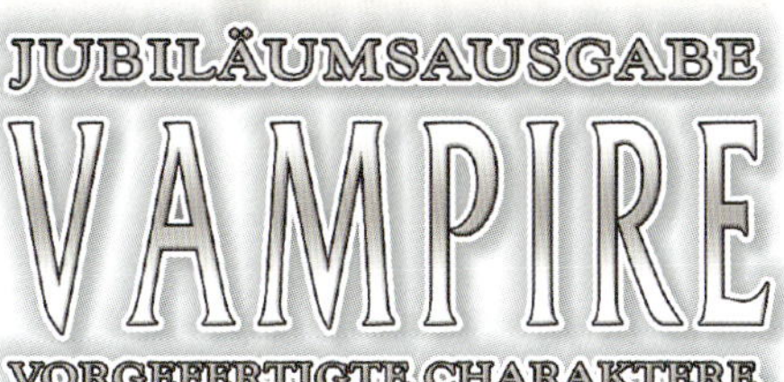

Name: Mu'tazz Bechara	**Wesen:** Visionär	**Clan/Blutlinie:** Land-Gangrel
Spieler:	**Verhalten:** Sensations-Junkie	**Generation:** 12.
Chronik:	**Konzept:** MMA-Legende	**Sekte:** Sabbat

Attribute

Körperlich		Gesellschaftlich		Geistig	
Körperkraft (lässt nicht los)	●●●●○	Charisma	●●○○○	Wahrnehmung	●●○○○
Geschick (gnadenlose Stöße)	●●●●○	Manipulation	●●○○○	Intelligenz	●●○○○
Widerstandsfähigkeit	●●●○○	Erscheinungsbild	●●○○○	Geistesschärfe (Reaktionen)	●●●●○

Fähigkeiten

Talente		Fertigkeiten		Kenntnisse	
Aufmerksamkeit	●●○○○	Diebstahl	○○○○○	Akademisches Wissen	○○○○○
Ausdruck	○○○○○	Etikette	●○○○○	Computer	●○○○○
Ausflüchte	○○○○○	Fahren	●●○○○	Finanzen	○○○○○
Einschüchtern (Eindrucksvoll)	●●●●○	Handwerk	○○○○○	Gesetzeskenntnis	○○○○○
Empathie	●○○○○	Heimlichkeit	●○○○○	Medizin	●●○○○
Führungsqualitäten	○○○○○	Nahkampf	○○○○○	Nachforschungen	○○○○○
Handgemenge (Käfigkampf)	●●●●○	Schusswaffen	●●○○○	Naturwissenschaften	●●○○○
Magiegespür	○○○○○	Tierkunde	●○○○○	Okkultismus	●○○○○
Sportlichkeit (Shoot Wrestling)	●●●●○	Überleben	●●○○○	Politik	○○○○○
Szenekenntnis	●○○○○	Vortrag (Showman)	●●○○○	Technologie	○○○○○
	○○○○○		○○○○○		○○○○○

Vorteile

Disziplinen		Hintergründe		Tugenden	
Gestaltwandel	●●●○○	Domäne	●●○○○	Gewissen/~~Überzeugung~~	●●●○○
Seelenstärke	●●●●○	Generation	●○○○○	Selbstbeherrschung/~~Instinkt~~	●●○○○
	○○○○○	Kontakte	●○○○○	Mut	●●●●●
	○○○○○	Mentor	●○○○○		
	○○○○○	Ressourcen	●●○○○		
	○○○○○	Ruhm	●●○○○		

Vorzüge & Schwächen

Vorzüge	Kosten
Sprachen	1

Schwäche	Kosten
Ortsgebunden	2

~~Menschlichkeit~~/Pfad

Pfad des Ehrenwerten Einklangs

●●●●●●○○○○

Haltung: Hingebung (+0)

Willenskraft

●●●●●○○○○○

□□□□□□□□□□

Blutvorrat

□□□□□□□□□□
□□□□□□□□□□

Blut pro Runde:

Gesundheit

Blaue Flecken		□
Verletzt	-1	□
Schwer verletzt	-1	□
Verwundet	-2	□
Schwer Verwundet	-2	□
Verkrüppelt	-5	□
Außer Gefecht		□

Notizen

Kombinierte Disziplin:
Unzerstörbar
(Wissen der Clans S. 70)

Attribute: 7/5/3 • Fähigkeiten: 13/9/5 • Disziplinen: 3 • Hintergründe: 5 • Tugenden: 7 • Freie Zusatzpunkte: 15 (7/5/2/1)

„Mad Dog“ Diarmid Dunsirn

„Ach, ich hab mal die Herde eines Anarchenbarons vernichtet. Was man so einen harten Hund nennt. Hat mich rausgefordert. Sagt, ich bin in seinem Terrain. Ich sag ihm, er ist auf meinem Misthaufen. Der Schlauberger korrigiert mich. Ist ein Fußballstadion, sagt er. Hab sieben verschiedene Farben von Vitae aus dem Gesicht von dem Mistkerl geprügelt. Fußball? Mistkerl.“

„Fester treten, ihr nutzloser Haufen von Mistkerlen! Das hier ist der gottverdammte World Cup und ihr macht euch Sorgen, dass eure beschissenen Stiefel dreckig werden!“

„Henriks ist ein guter katholischer Club mit echten katholischen Werten. Und jetzt verpisst euch.“

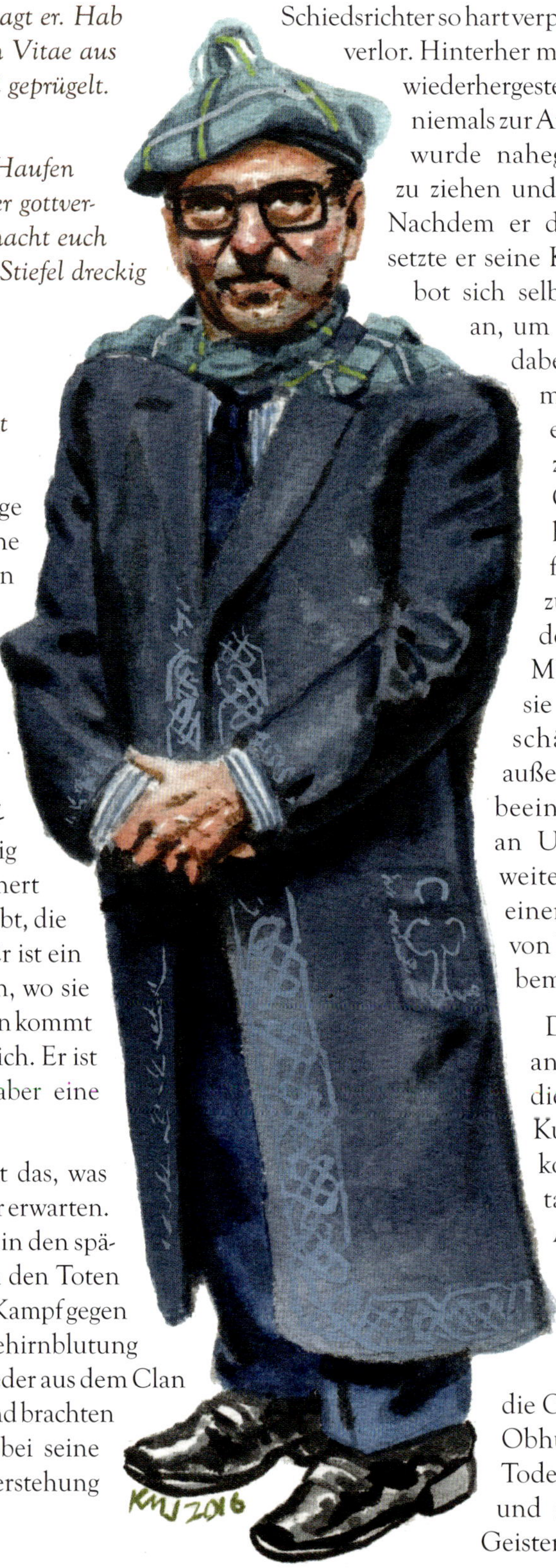

Hintergrund: Nur wenige würden Diarmid auf politische oder philosophische Themen ansprechen oder ihn auch nur nach dem Weg zum nächstgelegenen Billardtisch fragen. Er hält sich vom Dschihad fern und nimmt sich viel Zeit, um eine Herde von loyalen Teenagern um sich herum aufzubauen, während er gleichzeitig seine schwarzen Künste verfeinert und sich in exzessiver Gewalt übt, die er gegen Bezahlung anbietet. Er ist ein Söldner für all jene, die wissen, wo sie ihn finden. Diarmid anzuheuern kommt einem Pakt mit dem Teufel gleich. Er ist äußerst effizient, hinterlässt aber eine breite Spur des Gemetzels.

Diarmid ist nicht unbedingt das, was Kainskinder von einem Söldner erwarten. Der Schotte empfing den Kuss in den späten 70er Jahren. Er wurde von den Toten zurückgeholt, nachdem er den Kampf gegen eine plötzlich auftretende Gehirnblutung verloren hatte. Familienmitglieder aus dem Clan unterbrachen seine Autopsie und brachten den alten Krieger zurück, wobei seine Einstellung nach seiner Auferstehung noch grausamer war.

Der Kuss hat Diarmid nicht seiner Leidenschaft beraubt. Er ist ein begeisterter Fan des Celtic F.C. und hat früher eine Jugendmannschaft in Glasgow trainiert. Seinen Ruf als gnadenloser Zuchtmeister hat er sich redlich verdient, denn einmal hat er einen Schiedsrichter so hart verprügelt, dass er sein Augenlicht verlor. Hinterher musste das Gesicht des Jungen wiederhergestellt werden. Der Vorfall wurde niemals zur Anklage gebracht und Diarmid wurde nahegelegt, einen Schlussstrich zu ziehen und anderswo neu anzufangen. Nachdem er den Kuss empfangen hatte, setzte er seine Karriere als Trainer fort und bot sich selbst freiwillig als Assistenten an, um dem Pflegeheim St. Henrik dabei zu helfen, die Jugend von morgen aufzubauen. Er stellte eine neue Spielermannschaft zusammen – St. Henriks Christian F.C. – die ihm in nahezu sklavischer Aufopferung folgt. Er bringt die Kinder zum Arbeiten, entledigt sich derer, die er als „schwächliche Mistkerle“ bezeichnet und hält sie von Drogen und anderen schädlichen Einflüssen von außen fern. Diejenigen, die ihn beeindrucken können, werden an Unternehmen von Milliner weitergeleitet, wo sie sich mit einer gewichtigen Empfehlung von Diarmid um eine Anstellung bemühen können.

Diarmid findet den Gedanken an eine „Nahtoderfahrung“, die Kainskinder während des Kusses machen, zum Schreien komisch. Er glaubt, dass er tatsächlich den Tod und seine Auferstehung durchlebt hat und weiß, dass es ihm das intuitiv erleichtert, die Nekromantie seines Clans zu praktizieren. Er nimmt die Geister der Kinder, die in der Obhut des St. Hendriks Stifts zu Tode kommen, in seinen Dienst und zieht es in Betracht, diese Geister als Spione gegen Bezahlung einzusetzen. Diarmid ist ein Schlägertyp, aber einfühlsam genug, um zu wissen, dass sich Informationen gelegentlich leichter durch Heimlichkeit gewinnen lassen als durch Prügel.

Kainskinder nennen ihn „Mad Dog“ Dunsirn aufgrund seines Jähzorns und seiner kaltschnäuzigen Aggressivität. Diarmid gefällt dieser Name so gut, dass er ihn seiner Jugendmannschaft als Beinamen zugewiesen hat. Alle fürchten eine Spielpaarung, bei der sie gegen die Mad Dogs und ihren noch verrückteren Trainer antreten müssen. Wenn die Mannschaft verliert, zerlegen sie den Platz des Gegners und wenn Diarmid wach war, um sich das Spiel anzusehen, kann sich die andere Mannschaft auf noch Schlimmeres gefasst machen.

Beschreibung: Diarmid ist ein stämmiger, griesgrämiger Mann, dessen rundliches Gesicht von tiefen Linien zerfurcht ist. Er trägt eine Brille mit dicken und breiten Gläsern und man sieht ihn selten ohne eine Mütze mit Schottenmuster auf dem Kopf und einen langen Mantel mit dem Zeichen der Celtics. Andere Mitglieder in Dunsirns Haushalt nennen Diarmid gewöhnlich auch „Mr. Magoo“, sehr zu seinem Missfallen.

Falls jemand einmal das Pech haben sollte, Diarmid ohne Kleidung zu sehen, sieht er, dass sich eine lange Narbe durch sein dünnes weißes Haar zieht. Das typische Y einer Autopsie ist das gezackte Symbol für seine Erfahrung auf dem Tisch eines Pathologen.

Rollenspielerische Hinweise: Im Gegensatz zu äußerem Erscheinungsbild und Ansehen zeigt Diarmid ein respektvolles Gebaren in Gegenwart von Personen mit einem Titel, obwohl er für lächerliche Wortverwechslungen bekannt ist und dafür, dass er durch die Etikette stolpert, bis er frustriert ist und heftig flucht. Er neigt zu einer zuckersüßen Form der Höflichkeit, wenn er es mit Geistlichen zu tun hat, insbesondere mit Nonnen.

Wenn er mit anderen zusammen ist, verhält sich Diarmid wie ein gewalttätiger, draufgängerischer Tyrann. Er behauptet nur allzu gerne, dass man ein Kind verdirbt, wenn man mit der Rute spart, aber in seinem Gesicht zeichnet sich ein Lächeln ab, wenn er Prügel verabreicht. Gegenüber den wenigen, die er als seine Kameraden betrachtet, zeigt Diarmid die ordinäre Scherzhaftigkeit eines alten Kerls in einer Kneipe, der über das große Spiel spricht oder eine obszöne Anekdote zum Besten gibt. Er hütet sich allerdings vor denjenigen, die eher über ihn als mit ihm lachen könnten und ist schnell mit Drohungen bei der Hand, wenn er das Gefühl hat, dass man sich über ihn lustig macht.

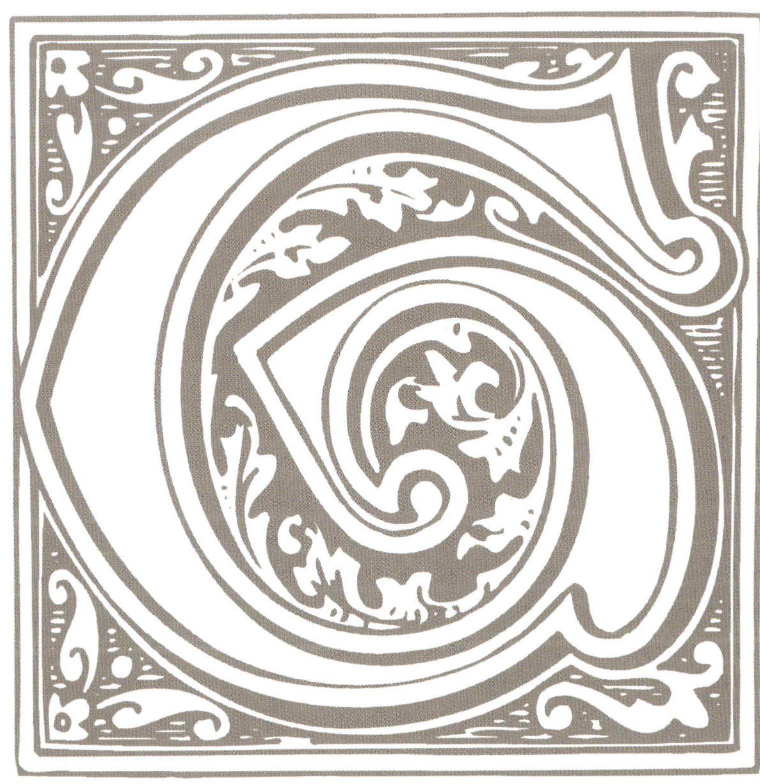

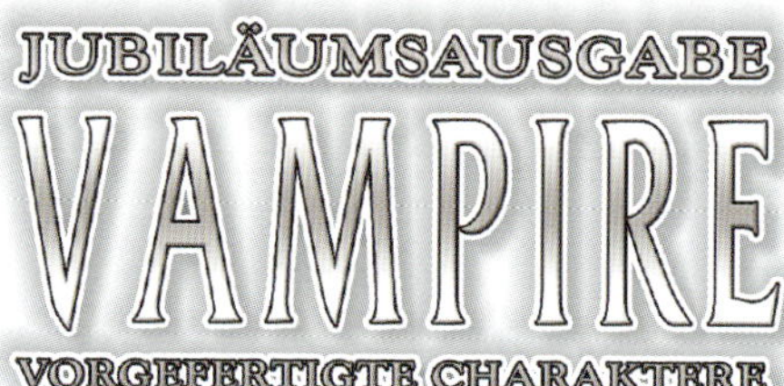

Name: „Mad Dog" Diarmid Dunsirn	**Wesen:** Perfektionist	**Clan/Blutlinie:** Giovanni
Spieler:	**Verhalten:** Raubein	**Generation:** 13.
Chronik:	**Konzept:** puristischer Trainer	**Sekte:** Unabhängige

Attribute

Körperlich		Gesellschaftlich		Geistig	
Körperkraft (brutal)	●●●●O	Charisma	●●OOO	Wahrnehmung	●●●OO
Geschick	●●OOO	Manipulation	●●●OO	Intelligenz	●●●OO
Widerstandsfähigkeit	●●OOO	Erscheinungsbild	●OOOO	Geistesschärfe (unvorhersehbare Bewegungen)	●●●●O

Fähigkeiten

Talente		Fertigkeiten		Kenntnisse	
Aufmerksamkeit	●OOOO	Diebstahl	OOOOO	Akademisches Wissen	OOOOO
Ausdruck	OOOOO	Etikette	OOOOO	Computer	OOOOO
Ausflüchte	OOOOO	Fahren	●OOOO	Finanzen	●●OOO
Einschüchtern	●●OOO	Handwerk	OOOOO	Gesetzeskenntnis	OOOOO
Empathie	●OOOO	Heimlichkeit	●OOOO	Medizin	●●●OO
Führungsqualitäten	●●OOO	Nahkampf	●●OOO	Nachforschungen	●OOOO
Handgemenge (schmutziger Kampf)	●●●●O	Schusswaffen	OOOOO	Naturwissenschaften	OOOOO
Magiegespür	●●OOO	Tierkunde	OOOOO	Okkultismus	●●OOO
Sportlichkeit	●●OOO	Überleben	●OOOO	Politik	OOOOO
Szenekenntnis	OOOOO	Vortrag	OOOOO	Technologie	●OOOO
	OOOOO		OOOOO		OOOOO

Vorteile

Disziplinen		Hintergründe		Tugenden	
Beherrschung	●OOOO	Domäne	●●OOO	Gewissen/~~Überzeugung~~	●●OOO
Nekromantie (Pfad des Grabes)	●●OOO	Einfluss	●OOOO	Selbstbeherrschung/~~Instinkt~~	●●●OO
Stärke	●OOOO	Gefolgsleute	●OOOO	Mut	●●●●●
	OOOOO	Geistersklaven (WdC, S. 88)	●●OOO		
	OOOOO	Herde	●●●OO		
	OOOOO	Ressourcen	●●OOO		

Vorzüge & Schwächen

Vorzüge	Kosten
Mortuario (WdC, S. 86)	2

Schwäche	Kosten
Mangelnde Beherrschung	2

Menschlichkeit/~~Pfad~~

●●●●●OOOOO

Haltung: Normalität (+0)

Willenskraft

●●●●●OOOOO

□□□□□□□□□□

Blutvorrat

□□□□□□□□□□

□□□□□□□□□□

Blut pro Runde:

Gesundheit

Blaue Flecken		□
Verletzt	-1	□
Schwer verletzt	-1	□
Verwundet	-2	□
Schwer Verwundet	-2	□
Verkrüppelt	-5	□
Außer Gefecht		□

Notizen

Rituale:
Todeskommunion
(WdC, S. 88)

Attribute: 7/5/3 • Fähigkeiten: 13/9/5 • Disziplinen: 3 • Hintergründe: 5 • Tugenden: 7 • Freie Zusatzpunkte: 15 (7/5/2/1)

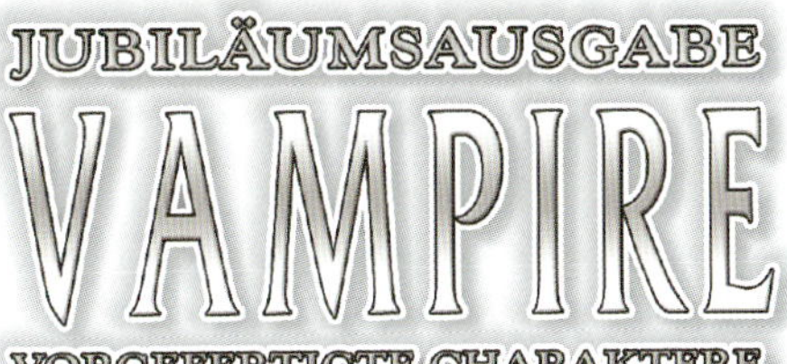

Name: „Mad Dog" Diarmid Dunsirn
Spieler:
Chronik:
Wesen: Sadist
Verhalten: Raubein
Konzept: puristischer Vereinseigentümer
Clan/Blutlinie: Giovanni
Generation: 13.
Sekte: Unabhängige

Attribute

Körperlich		Gesellschaftlich		Geistig	
Körperkraft (brutal)	●●●●○	Charisma	●●○○○	Wahrnehmung (taktisch)	●●●●○
Geschick	●●○○○	Manipulation	●●●○○	Intelligenz	●●●○○
Widerstandsfähigkeit	●●○○○	Erscheinungsbild	●○○○○	Geistesschärfe (unvorhersehbare Bewegungen)	●●●●○

Fähigkeiten

Talente		Fertigkeiten		Kenntnisse	
Aufmerksamkeit	●●○○○	Diebstahl	○○○○○	Akademisches Wissen	○○○○○
Ausdruck	○○○○○	Etikette	○○○○○	Computer	○○○○○
Ausflüchte	○○○○○	Fahren	●○○○○	Finanzen	●●●○○
Einschüchtern (körperliche Nötigung)	●●●●○	Handwerk	○○○○○	Gesetzeskenntnis	○○○○○
Empathie	●○○○○	Heimlichkeit	●●○○○	Medizin	●●●○○
Führungsqualitäten	●●○○○	Nahkampf	●●○○○	Nachforschungen	●○○○○
Handgemenge (schmutziger Kampf)	●●●●○	Schusswaffen	○○○○○	Naturwissenschaften	○○○○○
Magiegespür	●●●○○	Tierkunde	○○○○○	Okkultismus	●●●○○
Sportlichkeit	●●●○○	Überleben	●●○○○	Politik	○○○○○
Szenekenntnis	○○○○○	Vortrag	○○○○○	Technologie	●○○○○
	○○○○○		○○○○○		○○○○○

Vorteile

Disziplinen		Hintergründe		Tugenden	
Beherrschung	●○○○○	Domäne	●●○○○	Gewissen/~~Überzeugung~~	●●○○○
Nekromantie (Pfad des Grabes)	●●●○○	Einfluss	●○○○○	Selbstbeherrschung/~~Instinkt~~	●●●●○
Stärke	●●●○○	Gefolgsleute	●○○○○	Mut	●●●●●
	○○○○○	Geistersklaven (WdC., S. 88)	●●○○○		
	○○○○○	Herde	●●●○○		
	○○○○○	Ressourcen	●●○○○		

Vorzüge & Schwächen

Vorzüge	Kosten
Mortuario (Wissen der Clans S. 86)	2

Schwäche	Kosten
Mangelnde Beherrschung	2

Menschlichkeit/~~Pfad~~

●●●●●○○○○○

Haltung: Normalität (+0)

Willenskraft

●●●●●○○○○○

□□□□□□□□□□

Blutvorrat

□□□□□□□□□□
□□□□□□□□□□

Blut pro Runde:

Gesundheit

Blaue Flecken		□
Verletzt	-1	□
Schwer verletzt	-1	□
Verwundet	-2	□
Schwer Verwundet	-2	□
Verkrüppelt	-5	□
Außer Gefecht		□

Notizen

Rituale:
Todeskommunion
(Wissen der Clans S. 88),
Leuchtfeuer, Hand des Ruhmes

Attribute: 7/5/3 • Fähigkeiten: 13/9/5 • Disziplinen: 3 • Hintergründe: 5 • Tugenden: 7 • Freie Zusatzpunkte: 15 (7/5/2/1)

ALFIE ROSSELLINI

„Es ist meine Bürde, so gutaussehend zu sein."

„Baby, ich hebe seit Jahren Löcher aus."

„Sieh mich nicht so an! Ich war hungrig und es war ein verdammter Blutsauger der Camarilla! Bist du etwa auf einmal zum Vegetarier geworden?"

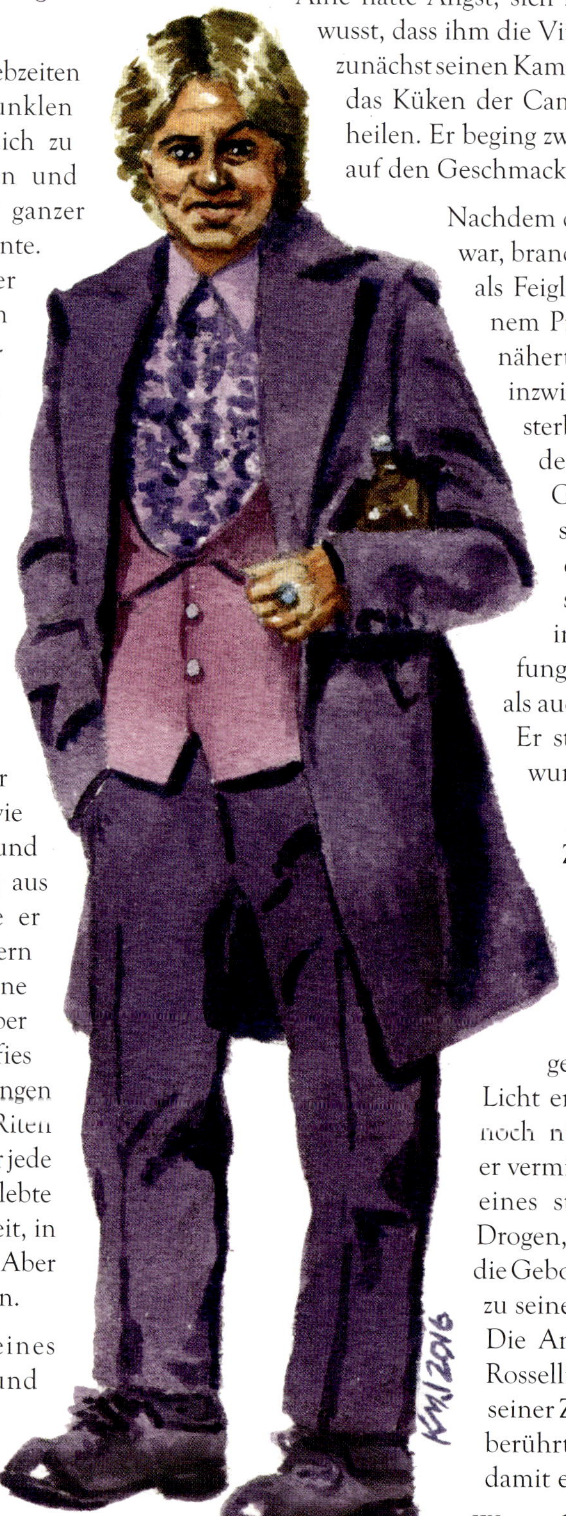

Hintergrund: Zu seinen Lebzeiten hat Alfie Menschen in dunklen Gassen ausgeraubt, bis er sich zu bewaffneten Raubüberfällen und schließlich zur Erpressung ganzer Stadtteile hocharbeiten konnte. Er war ein Spitzenverdiener für die Familie, bekam aber im Leben niemals das, was ihm zustand. Irgendetwas war an ihm, das ihn bei anderen immer wieder anecken ließ. Seine quälende Eitelkeit und seine gefährliche Vermessenheit trugen zusätzlich dazu bei, dass er es niemals über den Rang eines Soldaten hinaus geschafft hat.

Für ein machthungriges Individuum wie Alfie war der Kuss ein Geschenk. Er wurde genauso behandelt wie jeder andere Schaufelkopf und musste sich selbst den Weg aus der Grabgrube bahnen, die er sich mit zwei anderen Gangstern teilte. Seine Erzeugerin war eine Lasombra mit wenig Geduld, aber sie erkannte das Dunkle in Alfies Augen und setzte große Hoffnungen in ihn, was das Überleben der Riten anging. Geschickt bewältigte er jede qualvolle Prüfung und durchlebte eine seltene Zeit der Beliebtheit, in der sein Stern endlich aufging. Aber das sollte nicht von Dauer sein.

Er fungierte als Teil eines Kriegsrudels des Sabbat und wurde Zeuge davon, wie seine Kameraden unerwartet von Vampiren vernichtet wurden, die in ihre gemeinsame Zuflucht eingedrungen waren. Nachdem sie von Munitionswellen aus Schrotflinten durchsiebt worden waren, versteckte Alfie sich unter dem Bett, während einer seiner Kameraden sich den Angreifern stellte. Die beiden Vampire schickten sich nach einem langwierigen Kampf gegenseitig in Starre. Alfie hatte Angst, sich zu rühren, war sich aber bewusst, dass ihm die Vitae ausging. Deshalb trank er zunächst seinen Kameraden leer und anschließend das Küken der Camarilla. Dann konnte er sich heilen. Er beging zwar keine Diablerie, kam aber auf den Geschmack, was Vitae angeht.

Nachdem der Konflikt beendet worden war, brandmarkten die Lasombra Alfie als Feigling. In den Nächten vor seinem Prozess vor den Blutgerichten näherten sich ihm Mitglieder seiner inzwischen von ihm entfremdeten sterblichen Familie. Ein Gefallen, der einem Clan mit Namen Giovanni geschuldet wurde, sollte ihm in diesem Fall aus der Misere helfen, sofern er sich bereit erklären würde, in Zukunft als Mittelsmann zu fungieren, der sowohl den Hütern als auch den Nekromanten diente. Er stimmte zu und sein Prozess wurde abgesagt.

Alfie lebt nun in einem Zustand der ständigen Zerrissenheit. Der kämpfende Teil von ihm möchte alles für sein Ansehen innerhalb des Sabbat aufs Spiel setzen und lässt ihn Risiken eingehen, damit die Sekte sein Licht erstrahlen sehen kann. Er ist noch nicht lange ein Vampir und er vermisst noch immer die Vorteile eines sterblichen Lebens, so wie Drogen, Sex und seltsamerweise auch die Geborgenheit einer Familie, die er zu seinen Lebzeiten niemals spürte. Die Annäherung durch sterbliche Rossellinis, die ihm ihre Hilfe in seiner Zeit der Not anbieten, hat ihn berührt, trotz der Bedingungen, die damit einhergehen.

Wenn das Gespräch auf Diablerie kommt, schürt das in Alfie einen

Hunger, noch einmal das Blut eines Vampirs abseits der Vaulderie zu kosten. Er fragt sich, wieviel Akzeptanz ihm seine sterbliche Familie entgegenbringen würde, würde er sich als Doppelagent gegen den Sabbat verdingen, sofern der Lohn für seine Dienste der Verzehr seines Erzeugers wäre.

Beschreibung: Alfie möchte jedermann glauben machen, dass er einen persönlichen Schneider bezahlt, aber er ist nur äußerst geschickt darin, Geschäfte auszurauben, die qualitativ hochwertige Kleidung auf Lager haben, und er hat ein feines Gespür für Mode. Alfie bevorzugt extravagante – aber niemals protzige – Kombinationen aus Stoffen und Farben. Er trägt immer eine Schweizer Uhr und einen Siegelring, wovon letzterer das Siegel der Rossellini trägt.

Alfie verbrachte die Zeit vor seiner Verwandlung im Urlaub in Acapulco, was ihm eine dauerhafte und gleichmäßige Bräune eingebracht hat und dazu führt, dass sich sein gewelltes blondes Haar golden gegen seine Haut abzeichnet. Seine Augen sind auffallend, was an den scheinbar großen Pupillen liegt, aber tatsächlich verfügen seine Augen über eine graue Lederhaut statt der typischen weißen Färbung. Wenn er aggressiver wird, verdunkeln sie sich, bis sie beinahe schwarz sind.

Rollenspielerische Hinweise: Alfie hält sich für komischer als er tatsächlich ist und er hat schon mehr Leute durch verkannten Humor beleidigt als ihm überhaupt wichtig genug waren, um sich an sie zu erinnern. Ihm ist bewusst, dass Leute ihn nicht leiden können, aber er tut das als Neid ab und nicht als Beweis dafür, dass er ihren Widerwillen erregt haben könnte. Wenn er provoziert wird, hat er ein zorniges Gemüt, das er aber eigenartigerweise kontrollieren kann. Alfie entscheidet sich dafür, ein Monster zu sein, kann dies aber ausschalten und charmant sein, wenn es ihm beliebt. Wenn er seinen Charme einsetzt, ist Alfie der Gentleman, der von jedermann geliebt wird.

In Alfies Herzen wohnt eine tief verwurzelte Unsicherheit. Er glaubt, im Mittelpunkt der Aufmerksamkeit stehen zu müssen oder übersehen zu werden. Er ist geneigt, Gewalt anzuwenden, weil er nicht erkennt, dass er über Talente verfügt, die das überflüssig machen. Das Gefühl von Ruhe und Akzeptanz, das er erfährt, wenn er sich im Kreise seiner sterblichen Familie aufhält, ist ein Zeichen dafür, dass er viel mehr sein kann als ein pöbelhafter Rüpel.

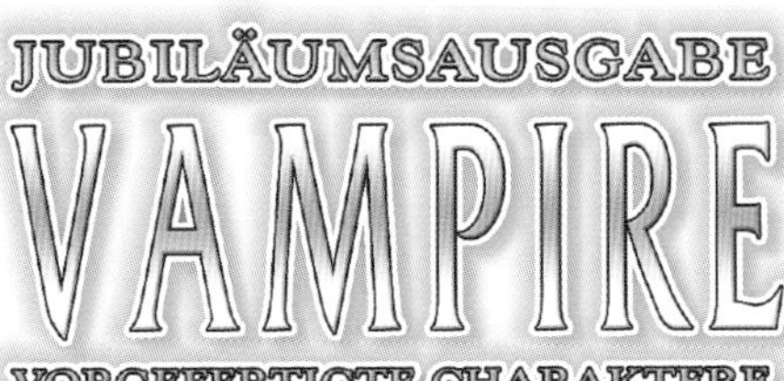

Name: Alfie Rossellini
Spieler:
Chronik:

Wesen: Wettkämpfer
Verhalten: Monster
Konzept: arroganter Mafiakämpfer

Clan/Blutlinie: Lasombra
Generation: 11.
Sekte: Sabbat

Attribute

Körperlich		Gesellschaftlich		Geistig	
Körperkraft	●●OOO	Charisma	●●●OO	Wahrnehmung	●●●OO
Geschick	●●OOO	Manipulation	●●●OO	Intelligenz	●●OOO
Widerstandsfähigkeit	●●OOO	Erscheinungsbild (Gespür für Mode)	●●●●O	Geistesschärfe	●●●OO

Fähigkeiten

Talente		Fertigkeiten		Kenntnisse	
Aufmerksamkeit	●OOOO	Diebstahl	●●●OO	Akademisches Wissen	OOOOO
Ausdruck	OOOOO	Etikette	●OOOO	Computer	OOOOO
Ausflüchte	●●●OO	Fahren	●●OOO	Finanzen	●OOOO
Einschüchtern (Drohungen)	●●●●O	Handwerk	OOOOO	Gesetzeskenntnis	●OOOO
Empathie	OOOOO	Heimlichkeit	●●●OO	Medizin	OOOOO
Führungsqualitäten	OOOOO	Nahkampf	●OOOO	Nachforschungen	●●OOO
Handgemenge	●●OOO	Schusswaffen	●●OOO	Naturwissenschaften	OOOOO
Magiegespür	OOOOO	Tierkunde	OOOOO	Okkultismus	●OOOO
Sportlichkeit	●OOOO	Überleben	●OOOO	Politik	OOOOO
Szenekenntnis	●●OOO	Vortrag	OOOOO	Technologie	OOOOO
	OOOOO		OOOOO		OOOOO

Vorteile

Disziplinen		Hintergründe		Tugenden	
Beherrschung	●OOOO	Einfluss	●●OOO	Gewissen/~~Überzeugung~~	●OOOO
Schattenspiele	●OOOO	Generation	●●OOO	Selbstbeherrschung/~~Instinkt~~	●●●●●
Stärke	●OOOO	Kontakte	●●OOO	Mut	●●●●O
	OOOOO	Ressourcen	●●OOO		
	OOOOO	Rituale	●●OOO		
	OOOOO	Verbündete	●●OOO		

Vorzüge & Schwächen

Vorzüge	Kosten
Clan-Freundschaft (Giovanni)	4
Schattenaugen	2
(Wissen der Clans S. 122)	

Schwäche	Kosten
Aufwiegler	3
(Wissen der Clans S. 123)	
Mit dem Feind schlafen	3

Menschlichkeit/~~Pfad~~

●●●●●OOOOO

Haltung: Normalität (+0)

Willenskraft

●●●●OOOOOO

□□□□□□□□□□

Blutvorrat

□□□□□□□□□□

□□□□□□□□□□

Blut pro Runde:

Gesundheit

Blaue Flecken		□
Verletzt	-1	□
Schwer verletzt	-1	□
Verwundet	-2	□
Schwer Verwundet	-2	□
Verkrüppelt	-5	□
Außer Gefecht		□

Notizen

Attribute: 7/5/3 • Fähigkeiten: 13/9/5 • Disziplinen: 3 • Hintergründe: 5 • Tugenden: 7 • Freie Zusatzpunkte: 15 (7/5/2/1)

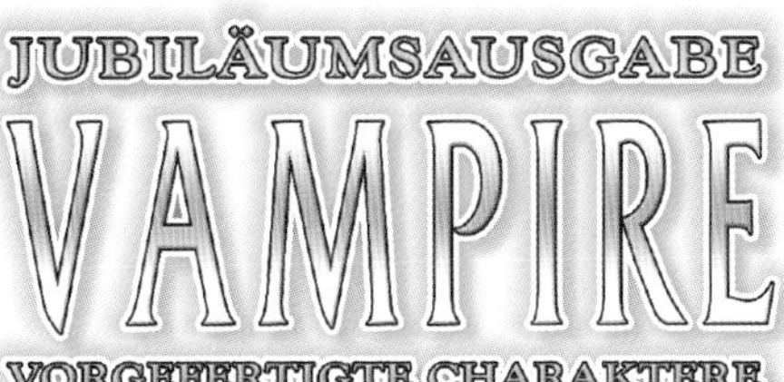

Name: Alfie Rossellini
Spieler:
Chronik:
Wesen: Wettkämpfer
Verhalten: Monster
Konzept: arroganter Kopf der Mafia
Clan/Blutlinie: Lasombra
Generation: 11.
Sekte: Unabhängige

Attribute

Körperlich		Gesellschaftlich		Geistig	
Körperkraft	●●○○○	Charisma	●●●○○	Wahrnehmung	●●●○○
Geschick	●●○○○	Manipulation	●●●○○	Intelligenz	●●○○○
Widerstandsfähigkeit	●●○○○	Erscheinungsbild (Gespür für Mode)	●●●●○	Geistesschärfe	●●●○○

Fähigkeiten

Talente		Fertigkeiten		Kenntnisse	
Aufmerksamkeit	●●○○○	Diebstahl (Irreführung)	●●●●○	Akademisches Wissen	○○○○○
Ausdruck	○○○○○	Etikette	●○○○○	Computer	○○○○○
Ausflüchte (Vorgetäuschte Unschuld)	●●●●○	Fahren	●●○○○	Finanzen	●○○○○
Einschüchtern (Drohungen)	●●●●○	Handwerk	○○○○○	Gesetzeskenntnis	●○○○○
Empathie	○○○○○	Heimlichkeit	●●●○○	Medizin	○○○○○
Führungsqualitäten	○○○○○	Nahkampf	●●○○○	Nachforschungen	●●○○○
Handgemenge	●●○○○	Schusswaffen	●●○○○	Naturwissenschaften	○○○○○
Magiegespür	○○○○○	Tierkunde	○○○○○	Okkultismus	●●○○○
Sportlichkeit	●●○○○	Überleben	●○○○○	Politik	○○○○○
Szenekenntnis	●●●○○	Vortrag	○○○○○	Technologie	○○○○○
	○○○○○		○○○○○		○○○○○

Vorteile

Disziplinen		Hintergründe		Tugenden	
Beherrschung	●●●○○	Einfluss	●●○○○	Gewissen/~~Überzeugung~~	●○○○○
Nekromantie (Pfad des Grabes)	●○○○○	Generation	●●○○○	Selbstbeherrschung/~~Instinkt~~	●●●●●
Schattenspiele	●●○○○	Kontakte	●●○○○	Mut	●●●●○
Stärke	●●○○○	Ressourcen	●●○○○		
	○○○○○	Rituale	●●○○○		
	○○○○○	Verbündete	●●○○○		

Vorzüge & Schwächen

Vorzüge	Kosten
Clan-Freundschaft (Giovanni)	4
Schattenaugen	2
(Wissen der Clans S. 122)	

Schwäche	Kosten
Aufwiegler	3
(Wissen der Clans S. 123)	
Mit dem Feind schlafen	3

Menschlichkeit/~~Pfad~~

●●●●●●○○○○

Haltung: Normalität (+0)

Willenskraft

●●●●●○○○○○

□□□□□□□□□□

Blutvorrat

□□□□□□□□□□
□□□□□□□□□□

Blut pro Runde:

Gesundheit

Blaue Flecken		□
Verletzt	-1	□
Schwer verletzt	-1	□
Verwundet	-2	□
Schwer Verwundet	-2	□
Verkrüppelt	-5	□
Außer Gefecht		□

Notizen

Kombinierte Disziplin: Gedankenschlag (Wissen der Clans S. 125)

Attribute: 7/5/3 • Fähigkeiten: 13/9/5 • Disziplinen: 3 • Hintergründe: 5 • Tugenden: 7 • Freie Zusatzpunkte: 15 (7/5/2/1)

Big Keith

„Dieser Scheiß macht die meisten Leute wahnsinnig. Aber du? Du wirst es genießen. Das garantiere ich."

„Es ist Showtime."

„Irgendwo da draußen lauert das Tier, und heute Nacht ist es hungrig. Schauen wir mal, ob wir es nicht aufspüren können."

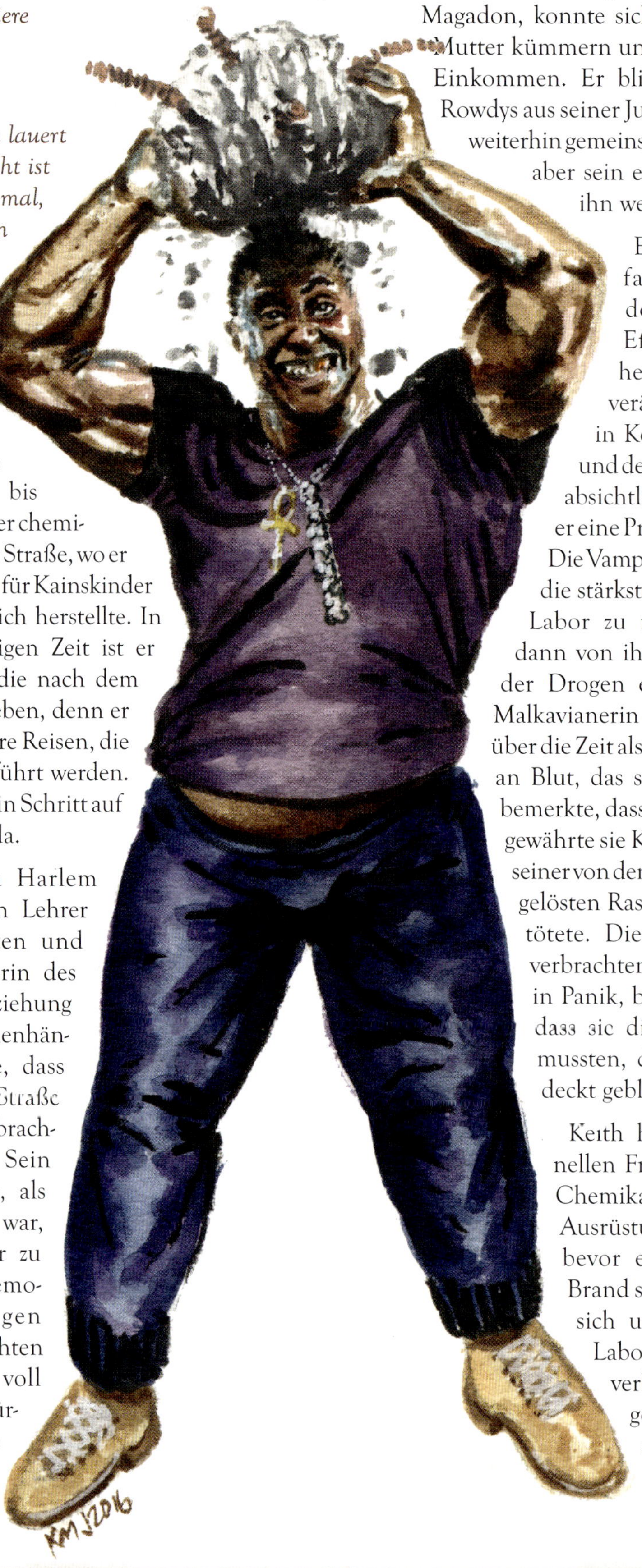

Hintergrund: Keiths Lebensweg war mäandernd, von einer Stellung bei einem Unternehmen für wissenschaftliche Forschung angefangen bis hin zur Anwendung seiner chemischen Kenntnisse auf der Straße, wo er gleichermaßen Präparate für Kainskinder und Sethskinder künstlich herstellte. In den Nächten der heutigen Zeit ist er ein Guru für all jene, die nach dem spirituellen Aufstieg streben, denn er geleitet sie durch visionäre Reisen, die durch Drogen herbeigeführt werden. Für manche ist er sogar ein Schritt auf dem Weg nach Golconda.

Big Keith wuchs in Harlem auf, sein Vater war ein Lehrer für Naturwissenschaften und seine Mutter die Leiterin des Kirchenchors. Seine Erziehung erfolgte nur unzusammenhängend, was dazu führte, dass er mehr Zeit auf der Straße und in Sporthallen verbrachte als in der Schule. Sein Vater wurde ermordet, als Big Keith gerade dabei war, zu einem Drogendealer zu avancieren, und die emotionalen Auswirkungen dieses Ereignisses brachten Big Keith dazu, sich voll in sein Studium zu stürzen. Zielstrebig machte er seinen Abschluss in Chemie. Big Keith bekam eine Stelle in einem pharmazeutischen Forschungsunternehmen namens Magadon, konnte sich dadurch um seine Mutter kümmern und erhielt ein seriöses Einkommen. Er blieb im Kontakt mit Rowdys aus seiner Jugendzeit und machte weiterhin gemeinsame Sache mit ihnen, aber sein eintöniges Leben ließ ihn weich werden.

Eine Vampirin, die fasziniert war von den psychedelischen Effekten, die Drogen hervorrufen konnten, veränderte alles, als sie in Keiths Labor einbrach und den Wissenschaftler unabsichtlich dabei störte, wie er eine Praktikantin verführte. Die Vampirin zwang Keith dazu, die stärksten Halluzinogene im Labor zu nehmen und trank dann von ihm. Als die Wirkung der Drogen einsetzte, verlor die Malkavianerin sowohl die Kontrolle über die Zeit als auch über die Menge an Blut, das sie aussaugte. Als sie bemerkte, dass sie ihn getötet hatte, gewährte sie Keith den Kuss, der in seiner von den Halluzinogenen ausgelösten Raserei die Praktikantin tötete. Die nächsten Stunden verbrachten die beiden Vampire in Panik, bis ihnen klar wurde, dass sie die Leiche verstecken mussten, die bis heute unentdeckt geblieben ist.

Keith heuerte seine kriminellen Freunde an, damit sie Chemikalien, Präparate und Ausrüstung stehlen sollten, bevor er das Gebäude in Brand steckte. Keith richtete sich unauffällig in einem Labor ein, das in einem verlassenen Reihenhaus gelegen war und setzte die Arbeit fort, die seine Erzeugerin begonnen hatte, indem er Proben von Pharmazeutika nahm, die er im Blut von Sterblichen synthetisierte. Gleichzeitig schuf er sich ein Auskommen, indem er alltäglichere Drogen an Straßendealer verkaufte.

Keith hatte eine von Chemikalien hervorgerufene Erscheinung. Sein LSD war immer von erster Qualität, aber der letzte Ansatz rief Halluzinationen von rätselhaften Fähigkeiten hervor. Diese Visionen ermöglichten es ihm, einen Sabbat-Vampir aus einem brennenden Gebäude zu retten, wodurch der Kainit in seiner Schuld stand. Man sagte Keith, er habe irgendwie eine Hauptlinie in das Spinnennetz gezogen. Da er sich durch seine Erfahrung spirituell erhaben fühlte, begann er damit, seine Drogen an andere Kainskinder zu verkaufen. Diejenigen, die nicht allein durch die Drogen derart spektakuläre Symptome zeigen, werden durch den Einsatz seiner Malkavianer-Kräfte um den Verstand gebracht.

Beschreibung: Big Keith wird seinem Namen in jeder Hinsicht gerecht. Er ist einen guten Kopf größer als die meisten Leute, hat breite Schultern, starke Arme und Beine wie Baumstämme. Keiths Bauch bahnt sich ebenfalls seinen Weg durch jeden Slim-Fit-Anzug, den er in jeder beliebigen Nacht trägt. Seine Proportionen sind in gewisser Weise bezeichnend für seinen bipolaren Zustand: einem aufstrebenden Ideal verhaftet, aber gleichzeitig nachlässigen Vergnügungen und Fernweh verfallen.

Big Keith trägt sein Haar in einer Flechtfrisur und seinen kleinen Bart rasiert er sich ab, wenn er in einer Nacht die Lust verspürt, etwas anders auszusehen. Er trägt fortwährend ein entwaffnendes Lächeln auf den Lippen und ein einzelner goldener Schneidezahn wird dabei für jeden sichtbar. Keith trägt zwei Schmuckanhänger auf der Außenseite seines Hemdes. Einer ist ein Kreuz aus Jade und das andere eine lange rechteckige Kette, auf der von oben nach unten C20H25N30 zu lesen ist.

Big Keith hat eine Bipolare Störung als Geistesstörung (V20, S. 290), weil er ein Malkavianer ist.

Rollenspielerische Hinweise: Big Keith ist unglaublich freundlich und grinst und scherzt ständig. Diese warme Persönlichkeit ist größtenteils aufrichtig. Er ist freundlich, weil er wirklich glaubt, dass er Kainskindern helfen kann. Er lächelt ständig, weil er die Antworten auf die Rätsel der Welt kennt, sowohl innerhalb als auch außerhalb. Aus diesem Grund ist Keith etwas herablassend, ohne dass dies in seiner Absicht läge. Er ist sanft, wenn es um Geliebte und das Trinken geht. Er blickt auf diejenigen herab, die ihre Disziplinen einsetzen, um sich das Trinken zu erleichtern, empfindet aber keinerlei Schuld, weil er Gefäße mit Drogen behandelt.

Es braucht schon eine Menge, um Big Keith seiner warmherzigen Gemütsruhe zu berauben. Wenn seine Mutter erwähnt wird – für die er immer noch sorgt – nimmt er eine Verteidigungshaltung ein. Er wird zugeknöpft, wenn es um die Zeit geht, in der er für Magadon gearbeitet hat, weil die Polizei und die Familie noch immer nach der Praktikantin suchen, die er getötet hat.

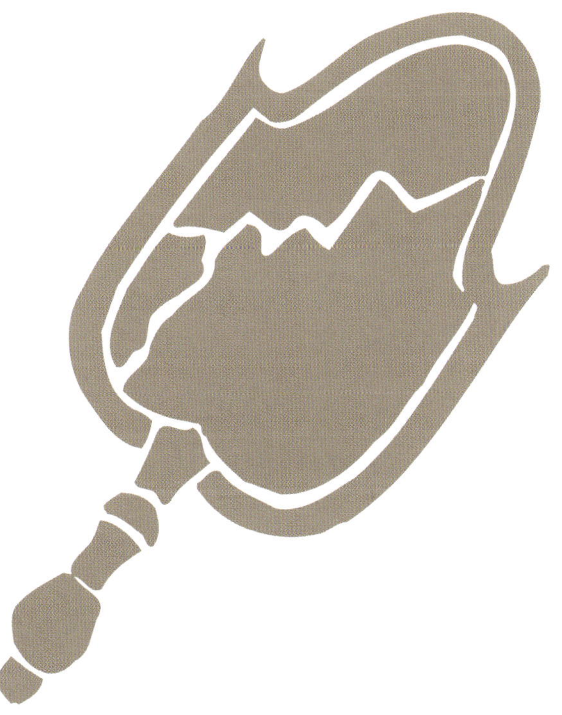

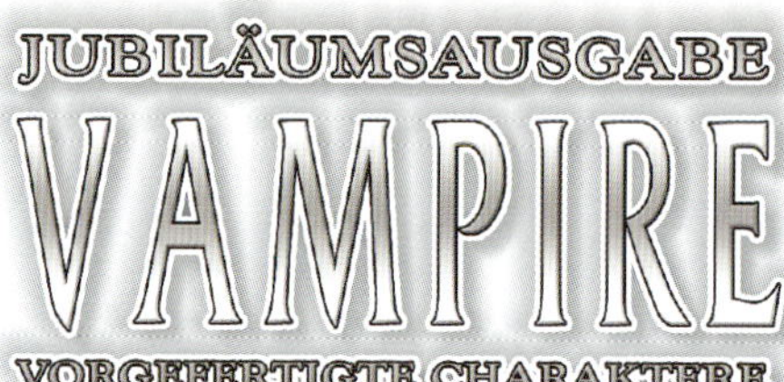

Name: Big Keith
Spieler:
Chronik:

Wesen: Guru
Verhalten: Bonvivant
Konzept: Straßenautorität

Clan/Blutlinie: Malkavianer
Generation: 13.
Sekte: Camarilla

Attribute

Körperlich		Gesellschaftlich		Geistig	
Körperkraft	●●●○○	Charisma	●●●○○	Wahrnehmung	●●○○○
Geschick	●●○○○	Manipulation (verführerisch)	●●●●○	Intelligenz	●●○○○
Widerstandsfähigkeit	●●●○○	Erscheinungsbild	●●●○○	Geistesschärfe	●●○○○

Fähigkeiten

Talente		Fertigkeiten		Kenntnisse	
Aufmerksamkeit	●○○○○	Diebstahl	○○○○○	Akademisches Wissen	○○○○○
Ausdruck	●●○○○	Etikette	●●○○○	Computer	○○○○○
Ausflüchte	●●○○○	Fahren	○○○○○	Finanzen	●○○○○
Einschüchtern	○○○○○	Handwerk	○○○○○	Gesetzeskenntnis	●○○○○
Empathie	●●○○○	Heimlichkeit	●○○○○	Medizin	●●○○○
Führungsqualitäten	●●●○○	Nahkampf	○○○○○	Nachforschungen	●○○○○
Handgemenge	●○○○○	Schusswaffen	●●○○○	Naturwissenschaften (Chemie)	●●●●○
Magiegespür	●○○○○	Tierkunde	○○○○○	Okkultismus	●●○○○
Sportlichkeit	●●○○○	Überleben	○○○○○	Politik	○○○○○
Szenekenntnis (illegale Drogen)	●●●●○	Vortrag	○○○○○	Technologie	○○○○○
	○○○○○		○○○○○		○○○○○

Vorteile

Disziplinen		Hintergründe		Tugenden	
Auspex	●○○○○	Domäne	●○○○○	Gewissen/~~Überzeugung~~	●●●○○
Irrsinn	●●○○○	Kontakte	●●●○○	Selbstbeherrschung/~~Instinkt~~	●●●○○
	○○○○○	Ressourcen	●○○○○	Mut	●●●●○
	○○○○○	Status	●●○○○		
	○○○○○	Verbündete	●○○○○		
	○○○○○		○○○○○		

Vorzüge & Schwächen

Vorzüge	Kosten
Gefallen	1
Prophetische Träume (Wissen der Clans S. 142)	

Schwäche	Kosten
Ansteckend (Wissen der Clans S. 142)	3
Sympathisant	1

Menschlichkeit/~~Pfad~~

●●●●●●○○○○

Haltung: Normalität (+0)

Willenskraft

●●●●○○○○○○

☐☐☐☐☐☐☐☐☐☐

Blutvorrat

☐☐☐☐☐☐☐☐☐☐
☐☐☐☐☐☐☐☐☐☐

Blut pro Runde:

Gesundheit

Blaue Flecken		☐
Verletzt	-1	☐
Schwer verletzt	-1	☐
Verwundet	-2	☐
Schwer Verwundet	-2	☐
Verkrüppelt	-5	☐
Außer Gefecht		☐

Notizen

Attribute: 7/5/3 • Fähigkeiten: 13/9/5 • Disziplinen: 3 • Hintergründe: 5 • Tugenden: 7 • Freie Zusatzpunkte: 15 (7/5/2/1)

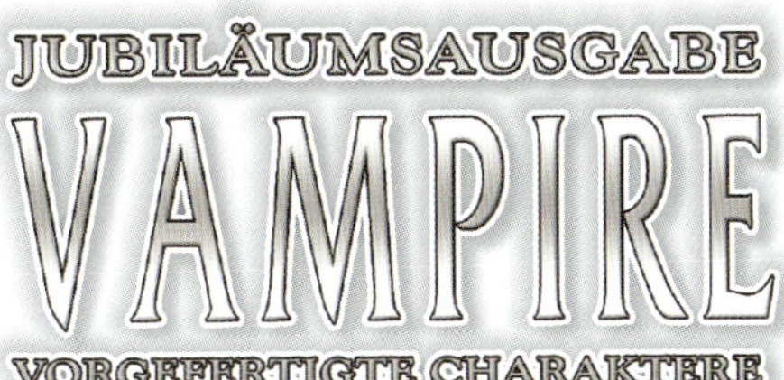

Name: Big Keith	**Wesen:** Guru	**Clan/Blutlinie:** Malkavianer
Spieler:	**Verhalten:** Bonvivant	**Generation:** 13.
Chronik:	**Konzept:** Gefühlsexperte	**Sekte:** Camarilla

Attribute

Körperlich		Gesellschaftlich		Geistig	
Körperkraft	●●●○○	Charisma	●●●○○	Wahrnehmung	●●●○○
Geschick	●●○○○	Manipulation (verführerisch)	●●●●○	Intelligenz	●●○○○
Widerstandsfähigkeit (knallhart)	●●●●○	Erscheinungsbild	●●●○○	Geistesschärfe	●●○○○

Fähigkeiten

Talente		Fertigkeiten		Kenntnisse	
Aufmerksamkeit	●●○○○	Diebstahl	○○○○○	Akademisches Wissen	○○○○○
Ausdruck	●●●○○	Etikette	●●○○○	Computer	○○○○○
Ausflüchte	●●○○○	Fahren	○○○○○	Finanzen	●○○○○
Einschüchtern	○○○○○	Handwerk	○○○○○	Gesetzeskenntnis	●○○○○
Empathie	●●●○○	Heimlichkeit	●○○○○	Medizin	●●○○○
Führungsqualitäten	●●●○○	Nahkampf	○○○○○	Nachforschungen	●●○○○
Handgemenge	●○○○○	Schusswaffen	●●○○○	Naturwissenschaften (Chemie)	●●●●○
Magiegespür	●●●○○	Tierkunde	○○○○○	Okkultismus	●●●○○
Sportlichkeit	●●○○○	Überleben	○○○○○	Politik	○○○○○
Szenekenntnis (illegale Drogen)	●●●●○	Vortrag	○○○○○	Technologie	○○○○○
	○○○○○		○○○○○		○○○○○

Vorteile

Disziplinen		Hintergründe		Tugenden	
Auspix	●●○○○	Domäne	●○○○○	Gewissen/~~Überzeugung~~	●●●○○
Irsinn	●●●○○	Kontakte	●●●○○	Selbstbeherrschung/~~Instinkt~~	●●●○○
	○○○○○	Ressourcen	●○○○○	Mut	●●●●○
	○○○○○	Status	●●○○○		
	○○○○○	Verbündete	●○○○○		
	○○○○○		○○○○○		

Vorzüge & Schwächen

Vorzüge	Kosten
Gefallen	1
Prophetische Träume (Wissen der Clans S. 142)	

Schwäche	Kosten
Ansteckend (Wissen der Clans S. 142)	3
Sympathisant	1

Menschlichkeit/~~Pfad~~

●●●●●●○○○○

Haltung: Normalität (+0)

Willenskraft

●●●●●○○○○○

□□□□□□□□□□

Blutvorrat

□□□□□□□□□□

□□□□□□□□□□

Blut pro Runde:

Gesundheit

Blaue Flecken		□
Verletzt	-1	□
Schwer verletzt	-1	□
Verwundet	-2	□
Schwer Verwundet	-2	□
Verkrüppelt	-5	□
Außer Gefecht		□

Notizen

Kombinierte Disziplin: Vergangene Leidenschaften (Wissen der Clans S. 144)

Attribute: 7/5/3 • Fähigkeiten: 13/9/5 • Disziplinen: 3 • Hintergründe: 5 • Tugenden: 7 • Freie Zusatzpunkte: 15 (7/5/2/1)

RUSTY SHAFIQAH

„Für jede Sekunde, die Sie starren, entferne ich im Geiste einen Quadratmeter ihres Territoriums."

„Die Camarilla gibt es nicht schon so lange, weil sie eine schlechte Idee war."

„Das ist der bestmögliche Deal für alle geschädigten Parteien. Fragen Sie nur den Prinzen. Sie ist immer meiner Meinung."

Hintergrund: Shafiqah hält an dem Ideal fest, dass jeder es zu etwas bringen kann, ganz gleich, wie schlecht sein Start ins Leben aussah oder über welche körperlichen Einschränkungen er verfügt. Für Rusty Shafiqah ist beides kein Fremdwort.

Shafiqahs Eltern nahmen es sehr übel, dass sie ihr Geld dafür ausgeben mussten, ein Baby mit einem Wirbelsäulendefekt durchzufüttern, denn sie wussten, dass sie ihr dreimal mehr Aufmerksamkeit zukommen lassen mussten als einem gesunden Kind. Weil sie von ihrer Mutter und ihrem Vater vernachlässigt wurde, erhielt Shafiqahs Rücken niemals die notwendige Behandlung. Von dem Moment an, als sie auf die Füße kam, benötigte sie Krücken, um sich fortbewegen zu können. Schon als Heranwachsende zwang sich Shafiqah dazu, sich ebenso schnell fortzubewegen wie jemand, der ohne Hilfsmittel laufen kann, und sie beeindruckte in der Schule jedermann mit ihrer Geschwindigkeit.

Shafiqah ging von der Schule ab, um zu einer Motivationsrednerin und Ratgeberin für all jene zu werden, die in ähnlich benachteiligten Verhältnissen aufwuchsen. Sie glaubte felsenfest daran, dass der Erfolg jedem offenstand, der sich darum bemühte und ihre Ansprachen ernteten donnernden Applaus, wenn sie über die Triumphe sprach, die sie den Widrigkeiten ihres Lebens abgerungen hatte.

Nach einem Abend, an dem sie in einem Jugendzentrum gearbeitet hatte, wurde Shafiqah von einem Mann angesprochen, der offensichtlich durch eine Behinderung oder hohes Alter gebeugt war. Lallend brachte er hervor, wie sehr ihn ihre Rede berührt habe und fragte, ob er sich Hoffnung auf bessere Dinge machen könne. Sie streckte ihre Hand nach dem Mann aus, nur um in das anzüglich grinsende Gesicht eines Nosferatu zu blicken, der aus ihren Handgelenken trank, während er ausrief, dass es für ihre Art keine Hoffnung gäbe.

Als sie erwachte, war sie ein Vampir. Ihre Verwandlung in die abscheuliche Gestalt eines Nosferatu geschah nicht sofort.

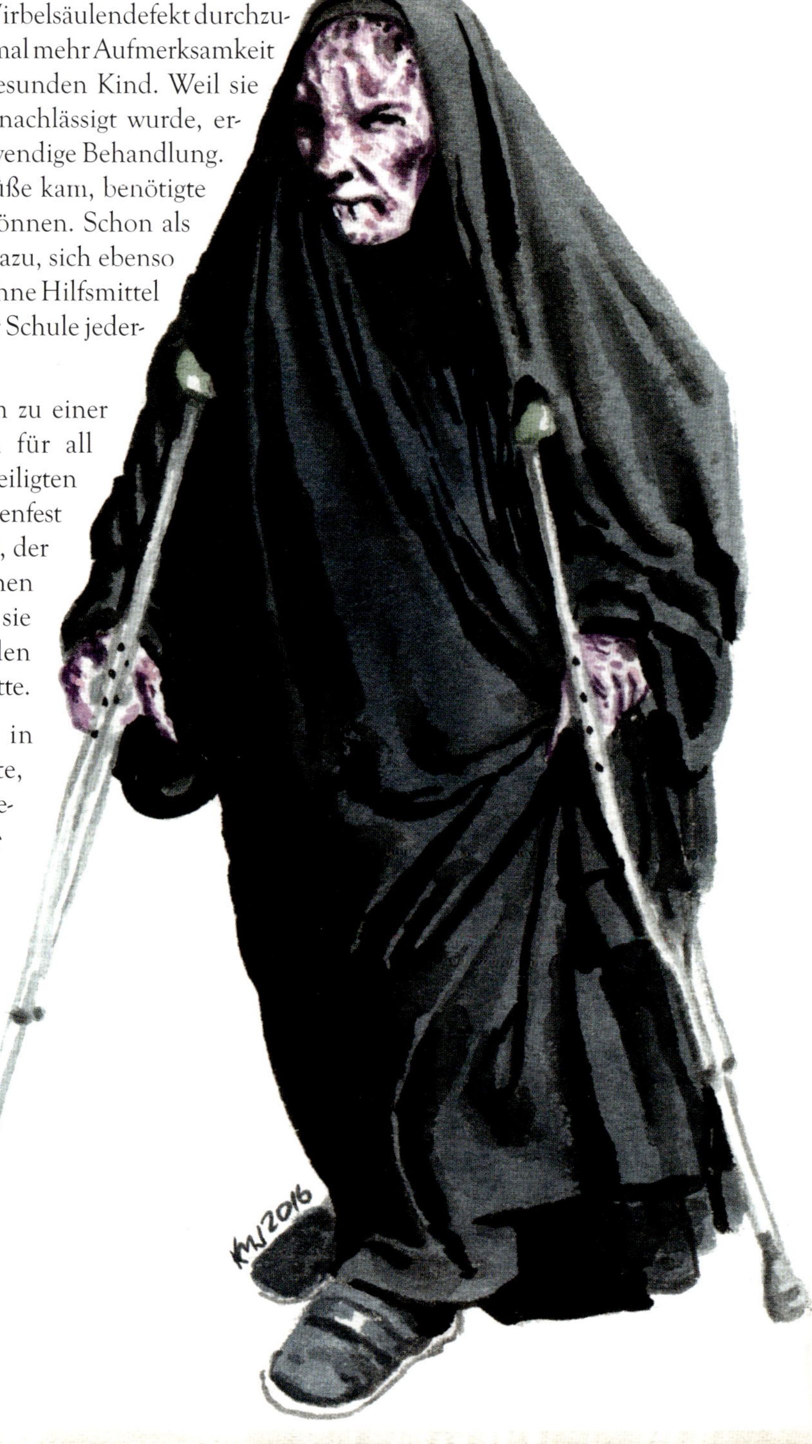

Einige qualvolle Nächte blieben ihr, bevor sie zu einer Zufluchtsstätte für zahlreiche Parasiten wurde und ihre Haut sich unaufhörlich abschälte. Shafiqah klagte nur eine einzige Nacht lang, dann akzeptierte sie, dass sie einmal mehr eine körperliche Prüfung würde überstehen müssen.

In ihrer Zuflucht sprach eines der Kinder ihres Erzeugers Shafiqah an und bot ihr an, sie in das Elysium einzuführen und ihr zu zeigen, wie man trank. Sie ließ es sich nicht nehmen, bei Hofe zu erscheinen und sich dabei stolz auf ihre Krücken zu stützen, um ihren Erzeuger vor dem Prinzen anzuklagen. Sie erteilte sogar einen Rat im Hinblick auf Jünger des Set, die in der Stadt angekommen waren, als kein anderer Vampir das Wort ergreifen wollte, obwohl sie nur wenig über den Clan wusste.

Der Prinz war beeindruckt von der Kühnheit der Neugeborenen und lud sie zu einer Privataudienz ein, bei der die beiden sehr ähnliche Geschichten der Entbehrung austauschten. Seitdem studiert Shafiqah Politik, nimmt an den Sitzungen des Primogenrates teil und steht bei Bedarf mit Rat zur Seite. Sie respektiert den Prinzen, erkennt aber gleichzeitig eine schwache Herrschaft. Shafiqah greift nicht gewinnsüchtig nach Macht, aber sie ist sich bewusst, dass sie die Gelegenheit, Praxis zu ergreifen, nicht verpassen möchte, sollte sie sich ihr einmal bieten.

Shafiqah ist innerhalb der Reihen der Camarilla rasch aufgestiegen und sie weiß, dass sie sich dadurch Feinde gemacht und neidische Blicke anderer Kainskinder auf sich gezogen hat. Ihnen gegenüber erklärt sie, dass sie die Wahl hatte, entweder am Boden zu bleiben und dort zu versauern oder sich auf den Weg an die Spitze zu machen. Shafiqah war immer bestrebt, nach oben zu kommen.

Beschreibung: Rusty Shafiqahs Haut ist fleckig und hat einen Stich ins rötlich Braune. Immer wieder blättert sie ab wie Rost von einem alten Auto. Die Streifen aus toter Haut bedecken sie wie erblühender Flaum und erfüllen jedes Mal die Luft, wenn sie an etwas entlangstreift. Darunter schiebt sich ein sich unterschwellig windender Puls durch ihren Körper, wo sich die parasitären Würmer und Maden durch ihr Fleisch graben.

Es fällt Shafiqah schwer, länger als eine Minute ohne Hilfe zu stehen, aber mit Krücken kommt sie gut zurecht und Jahre der Übung ermöglichen es ihr, sich auf ihnen in beängstigender Geschwindigkeit zu bewegen. Das „Klack Klack", das ihr Kommen ankündigt, ist unter den anderen Kainskindern in ihrem Umfeld wohl bekannt und sein ansteigendes Tempo zeigt für gewöhnlich an, dass sie aufgewühlt ist.

Shafiqah hat die Angewohnheit, einen schwarzen oder orangenen Schador zu tragen, den sie um sich herum windet und die Enden jeweils an ihren Daumen festbindet. Im Elysium trägt sie lieber einen Hidschab, der ihr Gesicht vollständig enthüllt, damit der Prinz und der übrige Hof es sehen können.

Rollenspielerische Hinweise: Shafiqah zeigt Mut im Angesicht jeglicher Widrigkeiten und ist dadurch eine Inspiration für andere Neugeborene, die das Gefühl haben, dass Kains Fluch ihr Leben zerstört hat. Shafiqah ist ein stolzer Anhänger der Camarilla. Sie glaubt, dass die Wahrung der Traditionen für die Existenz der Kainskinder lebenswichtig ist und führt an, wie schwierig es für ihren Clan wäre ohne ihre Verbündeten in der Camarilla. Sie weiß, dass diese Ansicht einige Nosferatu verärgert, aber andere treten im Verborgenen an sie heran und danken ihr dafür, dass sie ausspricht, was sie sich nicht zu sagen wagen.

Shafiqah ist immer glücklich, wenn sie Gefährten emotional und politisch beraten kann. Sie hofft, dass sie sich eines Nachts die Position des Prinzen verdient hat und die Aufgabe angemessen erfüllen wird. Sie weiß, dass Macht korrumpiert, hat aber die Absicht, jeden Rat, den sie bekommen kann, anzunehmen und zu prüfen, um so zu verhindern, dass sie auf den Pfad der Unredlichkeit verleitet wird.

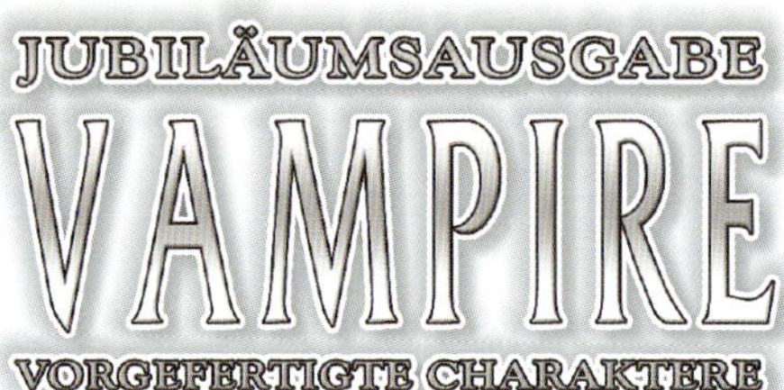

Name: Rusty Shafiqah
Spieler:
Chronik:
Wesen: Überlebenskünstler
Verhalten: Traditionalist
Konzept: Aufstrebende Machtkämpferin
Clan/Blutlinie: Nosferatu
Generation: 11.
Sekte: Camarilla

Attribute

Körperlich		Gesellschaftlich		Geistig	
Körperkraft	●●○○○	Charisma	●●○○○	Wahrnehmung (sorgfältig)	●●●●○
Geschick (Ausbrüche)	●●●●○	Manipulation	●●●○○	Intelligenz	●●●○○
Widerstandsfähigkeit	●●○○○	Erscheinungsbild	○○○○○	Geistesschärfe	●●●○○

Fähigkeiten

Talente		Fertigkeiten		Kenntnisse	
Aufmerksamkeit	●●○○○	Diebstahl	○○○○○	Akademisches Wissen (Soziologie)	●○○○○
Ausdruck	●●○○○	Etikette	●●○○○	Computer	○○○○○
Ausflüchte	●●○○○	Fahren	○○○○○	Finanzen	○○○○○
Einschüchtern	●○○○○	Handwerk	○○○○○	Gesetzeskenntnis	●○○○○
Empathie	○○○○○	Heimlichkeit (Tarnung)	●●●●○	Medizin	○○○○○
Führungsqualitäten (inspirierend)	●●●●○	Nahkampf	○○○○○	Nachforschungen	●○○○○
Handgemenge	○○○○○	Schusswaffen	○○○○○	Naturwissenschaften	○○○○○
Magiegespür	○○○○○	Tierkunde	●●●○○	Okkultismus	○○○○○
Sportlichkeit	○○○○○	Überleben	●●●○○	Politik	●●●○○
Szenekenntnis	●○○○○	Vortrag	●●○○○	Technologie	○○○○○
	○○○○○		○○○○○		○○○○○

Vorteile

Disziplinen		Hintergründe		Tugenden	
Tierhaftigkeit	●○○○○	Domäne	●●○○○	Gewissen/~~Überzeugung~~	●●●○○
Verdunkelung	●●○○○	Gefolgsleute	●●○○○	Selbstbeherrschung/~~Instinkt~~	●●●●○
	○○○○○	Generation	●●○○○	Mut	●●●○○
	○○○○○	Mentor	●●●○○		
	○○○○○	Ressourcen	●●○○○		
	○○○○○	Status	●●○○○		

Vorzüge & Schwächen

Vorzüge	Kosten

Schwäche	Kosten
Missbildung	3
Parasitenbefall	3
(Wissen der Clans S. 163)	

Menschlichkeit/~~Pfad~~

●●●●●●●○○○

Haltung: Normalität (+0)

Willenskraft

●●●●●○○○○○

□□□□□□□□□□

Blutvorrat

□□□□□□□□□□
□□□□□□□□□□

Blut pro Runde:

Gesundheit

Blaue Flecken		□
Verletzt	-1	□
Schwer verletzt	-1	□
Verwundet	-2	□
Schwer Verwundet	-2	□
Verkrüppelt	-5	□
Außer Gefecht		□

Notizen

Attribute: 7/5/3 • Fähigkeiten: 13/9/5 • Disziplinen: 3 • Hintergründe: 5 • Tugenden: 7 • Freie Zusatzpunkte: 15 (7/5/2/1)

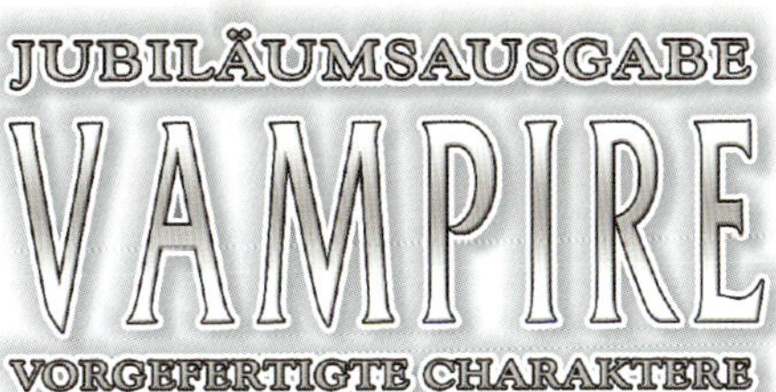

Name: Rusty Shafiqah
Spieler:
Chronik:

Wesen: Überlebenskünstler
Verhalten: Traditionalist
Konzept: Aktive Machtkämpferin

Clan/Blutlinie: Nosferatu
Generation: 11.
Sekte: Camarilla

Attribute

Körperlich		Gesellschaftlich		Geistig	
Körperkraft	●●○○○	Charisma	●●○○○	Wahrnehmung (sorgfältig)	●●●●○
Geschick (Ausbrüche)	●●●●○	Manipulation	●●●○○	Intelligenz	●●●○○
Widerstandsfähigkeit	●●○○○	Erscheinungsbild	○○○○○	Geistesschärfe	●●●○○

Fähigkeiten

Talente		Fertigkeiten		Kenntnisse	
Aufmerksamkeit	●●○○○	Diebstahl	○○○○○	Akademisches Wissen (Soziologie)	●●○○○
Ausdruck	●●●○○	Etikette	●●○○○	Computer	○○○○○
Ausflüchte	●●○○○	Fahren	○○○○○	Finanzen	○○○○○
Einschüchtern	●●○○○	Handwerk	○○○○○	Gesetzeskenntnis	●●●○○
Empathie	○○○○○	Heimlichkeit (Tarnung)	●●●●○	Medizin	○○○○○
Führungsqualitäten (inspirierend)	●●●●○	Nahkampf	○○○○○	Nachforschungen	●●●○○
Handgemenge	○○○○○	Schusswaffen	○○○○○	Naturwissenschaften	○○○○○
Magiegespür	○○○○○	Tierkunde	●●●○○	Okkultismus	○○○○○
Sportlichkeit	○○○○○	Überleben	●●●○○	Politik (Camarilla)	●●●●○
Szenekenntnis	●●○○○	Vortrag	●●○○○	Technologie	○○○○○
	○○○○○		○○○○○		○○○○○

Vorteile

Disziplinen		Hintergründe		Tugenden	
Tierhaftigkeit	●●●○○	Domäne	●●○○○	Gewissen/~~Überzeugung~~	●●●○○
Verdunkelung	●●●○○	Gefolgsleute	●●○○○	Selbstbeherrschung/~~Instinkt~~	●●●●○
	○○○○○	Generation	●●○○○	Mut	●●●○○
	○○○○○	Mentor	●●●○○		
	○○○○○	Ressourcen	●●○○○		
	○○○○○	Status	●●○○○		

Vorzüge & Schwächen

Vorzüge	Kosten

Schwäche	Kosten
Missbildung	3
Parasitenbefall	3
(Wissen der Clans S. 163)	

Menschlichkeit/~~Pfad~~

●●●●●●●○○○

Haltung: Normalität (+0)

Willenskraft

●●●●●●○○○○

□□□□□□□□□□

Blutvorrat

□□□□□□□□□□
□□□□□□□□□□

Blut pro Runde: ______

Gesundheit

Blaue Flecken		□
Verletzt	-1	□
Schwer verletzt	-1	□
Verwundet	-2	□
Schwer Verwundet	-2	□
Verkrüppelt	-5	□
Außer Gefecht		□

Notizen

Kombinierte Disziplin:
Bestialische Präsenz
(Wissen der Clans S. 164)

Attribute: 7/5/3 • Fähigkeiten: 13/9/5 • Disziplinen: 3 • Hintergründe: 5 • Tugenden: 7 • Freie Zusatzpunkte: 15 (7/5/2/1)

Tilottama

„Ich würde Ihnen ja sagen, dass Sie mit meiner Entscheidung leben müssen, aber das wäre eine überflüssige Aussage.“

„Korruptes Fleisch verdirbt den Kadaver. Verzichten Sie auf Korruption oder Sie werden vom Körper abgetrennt.“

„Meine Vergangenheit ist irrelevant, so wie auch die Ihre. Sie täten gut daran, nach vorne zu sehen.“

Hintergrund: Tilottama ist eine elende Lektion darin, wie der Kuss den besten Teil der Sterblichkeit korrumpieren kann, oder eine mitreißende Geschichte von einem Vampir, der Hab und Gut seines Lebens abgeschüttelt und den ihm zustehenden Lohn eingefordert hat. Als praktizierende Juristin ist sie furchteinflößend. Als Person mit Interessen, Liebe und Hoffnungen ist sie ein Rätsel.

Tilottamas letzter Fall als sterbliche Strafverteidigerin war der des sogenannten „Vampirs von Mumbai.“ Sie war bereit, den Fall des Serienmörders abzulehnen, wäre da nicht die gewaltige Geldsumme, die ein heimlicher Gönner ihr anbot. Die Zeiten waren hart für sie, seit ihr Ehemann verschwand und dabei das Bankkonto leerräumte, das sie mit ihrer Arbeit gefüllt hatte. Sie folgte einer Einladung in das berüchtigte Antilia-Gebäude, wo sie von einer jungen Frau erwartet wurde, die mit Schmuck behangen war und ihr einen Koffer überreichte, der einige Geldbündel enthielt, damit sie diesen „Vampir“ verteidigen sollte. Sie dachte an ihre Kinder und deren Bedürfnisse, um ihre tief sitzende Habgier zu rechtfertigen, und schließlich nahm sie das Angebot an. Der Fall machte Fortschritte und innerhalb weniger Tage führten Tilottamas Recherchen dazu, dass der Mörder aufgrund eines Formfehlers entlassen wurde und die Polizei sich bei ihm entschuldigen musste.

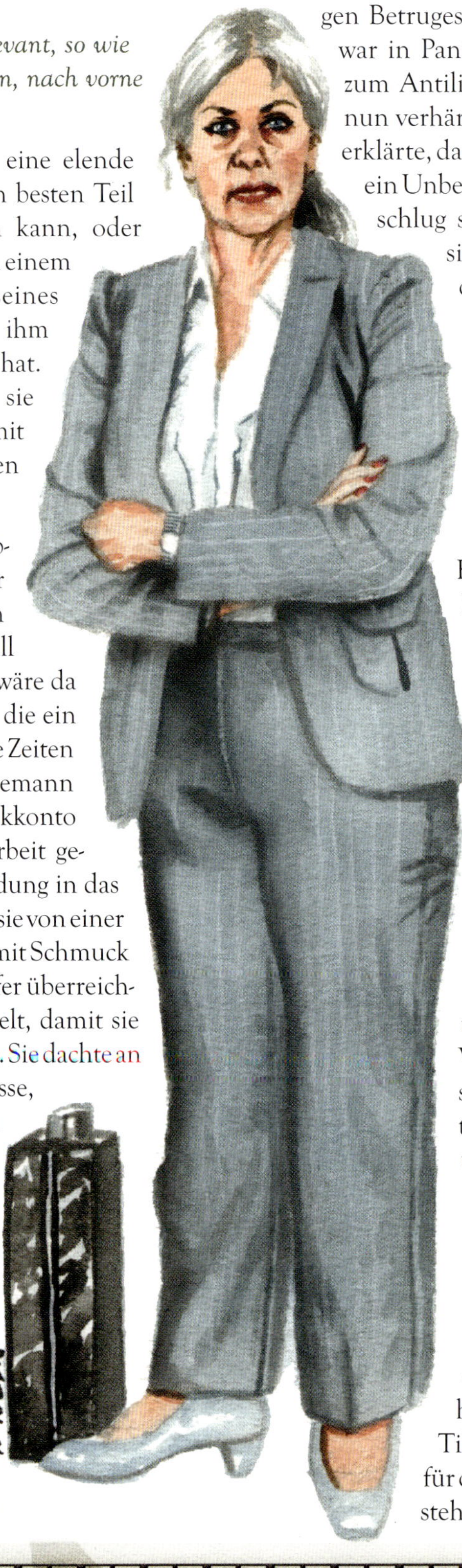

Wenige Stunden nach dem Abschluss des Falles erhielt Tilottama einen Anruf von ihrer Bank. Man teilte ihr mit, dass die Geldscheine, mit denen man sie bezahlt hatte, allesamt Fälschungen waren. Die Bank hatte keine Erklärung dafür, wie das Falschgeld durch ihre Prüfstelle gelangen konnte, sah sich aber gezwungen, ihr Bankkonto zu schließen und Ermittlungen wegen Betruges in die Wege zu leiten. Tilottama war in Panik und wütend und so kehrte sie zum Antilia-Gebäude zurück und stellte die nun verhärmt aussehende Frau zur Rede. Sie erklärte, dass der „Vampir“ ihr Diener sei, zwar ein Unberührbarer, aber sehr nützlich. Dann schlug sie Tilottama nieder und brachte sie als eine Ravnos in den Schoß der Familie.

Tilottama gewöhnte sich rasch an ihre neue Lage. Kaltschnäuzig brach sie alle Verbindungen zu ihrer sterblichen Familie und Freunden ab, weil sie anerkannte, dass ihr Zustand ihnen nur Leid zufügen würde. Durch ihre Fertigkeiten als Gelehrte der Rechtswissenschaften und praktizierende Juristin machte sie sich schon bald einen Namen als eine der Brahmin des Clans.

Tilottama kam zu Ansehen und wird jetzt um die ganze Welt geschickt, um die Ravnos vor den Gerichten der Camarilla zu verteidigen und um Betrüger zu richten, die die Ideale des Clans verraten. Als einem der Richter bei einem Clan-Kris oblag es ihr, über die Strafe eines fehlgeleiteten Vampirs zu befinden. Seitdem ist sie regelmaßig als Kris-Richterin tätig und setzt ihre Klugheit ein, um abtrünnige Clanangehörige meisterlich zu verteidigen oder zu verfolgen, ganz nach Bedarf.

Tilottamas rascher Verlust ihrer Moral hat dazu geführt, dass ihre Richterkollegen sie über den Pfad des Paradox in Kenntnis gesetzt haben. Die Philosophie spricht Tilottama an und heute fungiert sie für diejenigen, die außerhalb des Clans stehen, sowohl in spirituellen als auch in Rechtsangelegenheiten als Richter. Sie erfüllt sowohl in Domänen der Camarilla als auch des Sabbat eine salomonische Aufgabe, verurteilt die Unwürdigen und sorgt durch den Respekt, den sie ausstrahlt, dafür, dass ihre Urteile anerkannt werden.

Tilottama ist eine stolze Frau und ihre größten Geheimnisse sind zugleich ihre größten Verfehlungen. Entgegen aller Bemühungen, sich selbst von der Sterblichkeit zu distanzieren, hat sie ihre Tochter zum Ghul gemacht und zum Verwalter ihrer Herde. Sie ist fasziniert von der Idee von Golconda und davon, wie sie einen Vampir vom karmischen Rad befreien könnte. Sie muss sich noch entscheiden, ob Golconda eine gefährliche Illusion ist oder eine verlockende Realität.

Beschreibung: Tilottama hat das bescheidene Aussehen einer wettergegerbten Frau in mittleren Jahren. Feine Linien durchziehen ihr Gesicht und ihre Augen sehen müde aus. Tilottama wird unterschätzt, weil sie außerhalb der leidenschaftlichen Ansprachen, die sie während einer Gerichtsverhandlung hält, nur selten Emotionen zeigt.

Tilottama kleidet sich in gutsitzende Anzüge in konservativen Farben wie Grau oder Marine. Ihr Haar ist lang und entweder zu einem Pferdeschwanz zusammengebunden oder geflochten, wenn sie es nicht mit einem farbenfrohen Tuch bedeckt, das sie in ihren Gürtel steckt. Sie trägt einen Aktenkoffer, der Aufzeichnungen über Richtersprüche enthält, die sie noch immer prüft.

Rollenspielerische Hinweise: Autorität und Erfahrung sind die beiden Eigenschaften, um die sich Tilottama bemüht, wenn sie spricht und agiert. Sie möchte, dass andere sich ihrem Wissen beugen und setzt jegliche Form von Unheil verkündenden Redewendungen ein, darunter auch komplexe juristische Begriffe, wenn sie glaubt, dass ihr dies bei einer Begegnung die Oberhand verleiht.

Tilottama kämpft brutal, wenn sie einen Fall hat, an den sie glaubt oder wenn sie jemanden verteidigt, bei dem sie das Gefühl hat, dass er unschuldig ist. Ihre Definition von Richtig und Falsch wird durch ihr Wesen und ihr Festhalten am Pfad des Paradox verzerrt, aber sie würde niemals jemanden betrügen, der wirklich unschuldig ist.

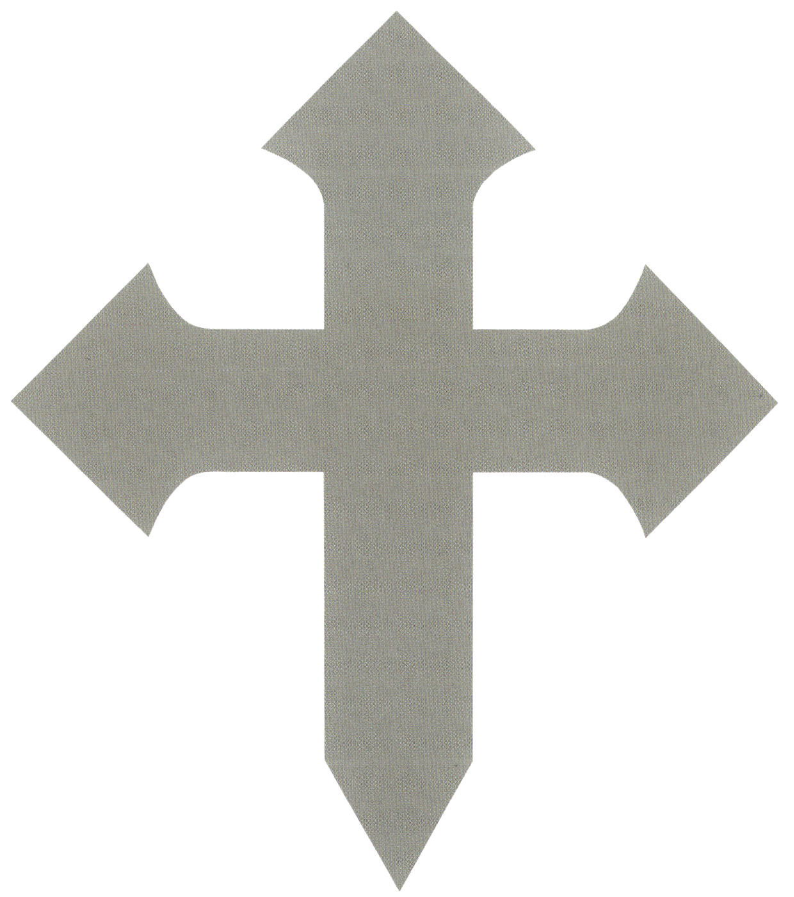

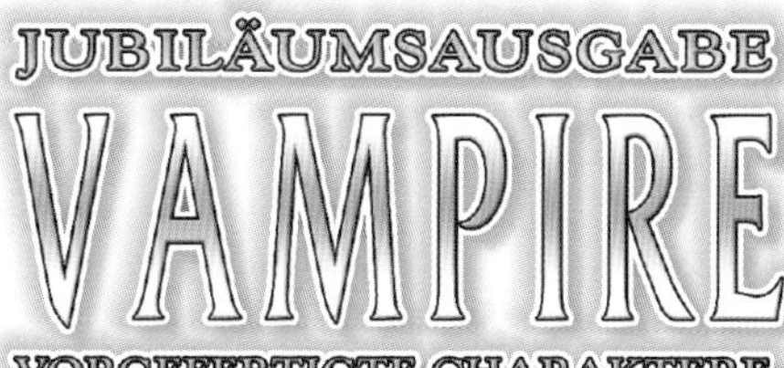

Name: Tilottama
Spieler:
Chronik:

Wesen: Rätsel
Verhalten: Richter
Konzept: Kris Richterin

Clan/Blutlinie: Ravnos
Generation: 12.
Sekte: Unabhängige

Attribute

Körperlich		Gesellschaftlich		Geistig	
Körperkraft	●●○○○	Charisma	●●○○○	Wahrnehmung	●●●○○
Geschick	●●●○○	Manipulation	●●○○○	Intelligenz (Querdenker)	●●●●○
Widerstandsfähigkeit	●●●○○	Erscheinungsbild	●●○○○	Geistesschärfe	●●●○○

Fähigkeiten

Talente		Fertigkeiten		Kenntnisse	
Aufmerksamkeit	●●○○○	Diebstahl	○○○○○	Akademisches Wissen (Psychologie)	●●●○○
Ausdruck	●●○○○	Etikette	●●○○○	Computer	○○○○○
Ausflüchte	●○○○○	Fahren	○○○○○	Finanzen	○○○○○
Einschüchtern	○○○○○	Handwerk	○○○○○	Gesetzeskenntnis	●●●○○
Empathie	●●○○○	Heimlichkeit	●○○○○	Medizin	○○○○○
Führungsqualitäten	○○○○○	Nahkampf	●○○○○	Nachforschungen	●●●○○
Handgemenge	○○○○○	Schusswaffen	●○○○○	Naturwissenschaften	○○○○○
Magiegespür	●○○○○	Tierkunde	○○○○○	Okkultismus	●●○○○
Sportlichkeit	●○○○○	Überleben	○○○○○	Politik	●●○○○
Szenekenntnis	○○○○○	Vortrag	○○○○○	Technologie	○○○○○
	○○○○○		○○○○○		○○○○○

Vorteile

Disziplinen		Hintergründe		Tugenden	
Schimären	●●●○○	Gefolgsleute	●●○○○	~~Gewissen~~/Überzeugung	●●○○○
Seelenstärke	●○○○○	Generation	●○○○○	Selbstbeherrschung/~~Instinkt~~	●●●○○
	○○○○○	Herde	●●○○○	Mut	●●●●●
	○○○○○	Kontakte	●○○○○		
	○○○○○	Status	●●●○○		
	○○○○○		○○○○○		

Vorzüge & Schwächen

Vorzüge	Kosten
Brahmin	1
(Wissen der Clans S. 182)	
Sprachen	1

Schwäche	Kosten
Hochnäsig	2

~~Menschlichkeit~~/Pfad

Pfad des Paradox

●●●●●○○○○○

Haltung: Selbstbewusstsein (+0)

Willenskraft

●●●●●●●●○○

□□□□□□□□□□

Blutvorrat

□□□□□□□□□□
□□□□□□□□□□

Blut pro Runde: ______

Gesundheit

Blaue Flecken		□
Verletzt	-1	□
Schwer verletzt	-1	□
Verwundet	-2	□
Schwer Verwundet	-2	□
Verkrüppelt	-5	□
Außer Gefecht		□

Notizen

Attribute: 7/5/3 • Fähigkeiten: 13/9/5 • Disziplinen: 3 • Hintergründe: 5 • Tugenden: 7 • Freie Zusatzpunkte: 15 (7/5/2/1)

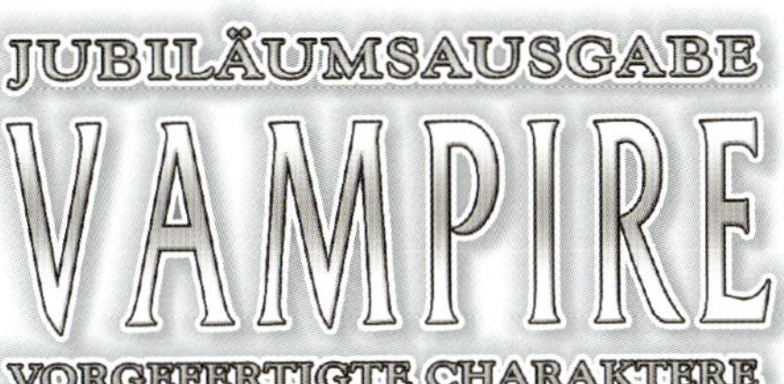

Name: Tilottama
Spieler:
Chronik:
Wesen: Rätsel
Verhalten: Richter
Konzept: Kris Richterin
Clan/Blutlinie: Ravnos antitribu
Generation: 12.
Sekte: Sabbat

Attribute

Körperlich		Gesellschaftlich		Geistig	
Körperkraft	●●○○○	Charisma	●●○○○	Wahrnehmung	●●●○○
Geschick	●●●○○	Manipulation	●●●○○	Intelligenz (Querdenker)	●●●●○
Widerstandsfähigkeit (unbeweglich)	●●●●○	Erscheinungsbild	●●○○○	Geistesschärfe	●●●○○

Fähigkeiten

Talente		Fertigkeiten		Kenntnisse	
Aufmerksamkeit	●●○○○	Diebstahl	○○○○○	Akademisches Wissen	●●●○○
Ausdruck	●●○○○	Etikette	●●○○○	Computer	○○○○○
Ausflüchte	●●○○○	Fahren	○○○○○	Finanzen	○○○○○
Einschüchtern	●○○○○	Handwerk	○○○○○	Gesetzeskenntnis (Ravnos Tradition)	●●●●○
Empathie	●●○○○	Heimlichkeit	●●○○○	Medizin	○○○○○
Führungsqualitäten	●○○○○	Nahkampf	●●○○○	Nachforschungen	●●●○○
Handgemenge	○○○○○	Schusswaffen	●●○○○	Naturwissenschaften	○○○○○
Magiegespür	●●○○○	Tierkunde	○○○○○	Okkultismus	●●○○○
Sportlichkeit	●●○○○	Überleben	○○○○○	Politik	●●●○○
Szenekenntnis	○○○○○	Vortrag	○○○○○	Technologie	○○○○○
	○○○○○		○○○○○		○○○○○

Vorteile

Disziplinen		Hintergründe		Tugenden	
Schimären	●●●●○	Gefolgsleute	●●○○○	~~Gewissen~~/Überzeugung	●●○○○
Seelenstärke	●○○○○	Generation	●○○○○	Selbstbeherrschung/~~Instinkt~~	●●●○○
	○○○○○	Herde	●●○○○	Mut	●●●●●
	○○○○○	Kontakte	●○○○○		
	○○○○○	Status	●●●○○		
	○○○○○		○○○○○		

Vorzüge & Schwächen

Vorzüge	Kosten
Brahmin	1
(Wissen der Clans S. 182)	
Sprachen	1

Schwäche	Kosten
Hochnäsig	2

~~Menschlichkeit~~/Pfad

Pfad des Paradox

●●●●●○○○○○

Haltung: Selbstbewusstsein (+0)

Willenskraft

●●●●●●●●○○

□□□□□□□□□□

Blutvorrat

□□□□□□□□□□
□□□□□□□□□□

Blut pro Runde:

Gesundheit

Blaue Flecken		□
Verletzt	-1	□
Schwer verletzt	-1	□
Verwundet	-2	□
Schwer Verwundet	-2	□
Verkrüppelt	-5	□
Außer Gefecht		□

Notizen

Kombinierte Disziplin:
Sonnenaufgang trotzen
(Wissen der Clans S. 183)

Attribute: 7/5/3 • Fähigkeiten: 13/9/5 • Disziplinen: 3 • Hintergründe: 5 • Tugenden: 7 • Freie Zusatzpunkte: 15 (7/5/2/1)

Mascha Blumenfeld

„Selbst Poesie verliert ihren Glanz."

„Ich habe niemals um diese verdammte Position gebeten, aber solange ich sie habe, seien Sie still und respektvoll, wenn Talent zur Schau gestellt wird."

„Diese Darbietung ist ebenso lähmend wie ein Pfahl durchs Herz. Nein, das soll kein Kompliment sein."

Hintergrund: Mascha hat ihre Jugend als Dadaistin verbracht. Als kapriziöse Poetin und Schauspielerin erprobte sie ihr Können unter einem immer stärker unterdrückenden Regime. Mascha arbeitete unermüdlich, um die Notlage des jüdischen Volkes bekannt zu machen und sie ließ keine Gelegenheit aus, um aufrührerische Schriften gegen die Nazis zu inszenieren. Sie wäre zu einem raschen Ziel der Gestapo und zu einer bedeutenden Persönlichkeit des Widerstandes geworden, hätte sie nicht den Kuss empfangen.

Ihr späterer Erzeuger erbat immer wieder Maschas Erlaubnis, bevor er ihr den Kuss gewährte. Für jedes Angebot wies sie ihn entschieden zurecht, denn sie war nicht bereit, sich an den Fluch der Kainskinder ketten zu lassen. Als der Krieg ausbrach und die Verfolgung zum Genozid wurde, hörte ihr Erzeuger auf, sie zu fragen und erzwang eine Entscheidung. Mascha weigerte sich, Europa und ihre Familie zu verlassen, denn sie versuchte verzweifelt, ihr Volk in dieser Zeit der Gefahr zu beschützen. Ihre Fähigkeiten waren von großem Nutzen für diejenigen, denen sie half. Ihr kunstfertiger Umgang mit Worten war ebenso gefährlich wie der mit einer Klinge, aber sie konnte nur für kurze Zeit eine Hilfe sein. Irgendwie – sie glaubt, dass eine Bombe die wahrscheinlichste Ursache ist – legte sie sich einmal während der Morgendämmerung zur Ruhe, wachte aber nicht mehr auf, bis mehrere Jahrzehnte vergangen waren. Sie befand sich in einem anderen Land und alles war anders.

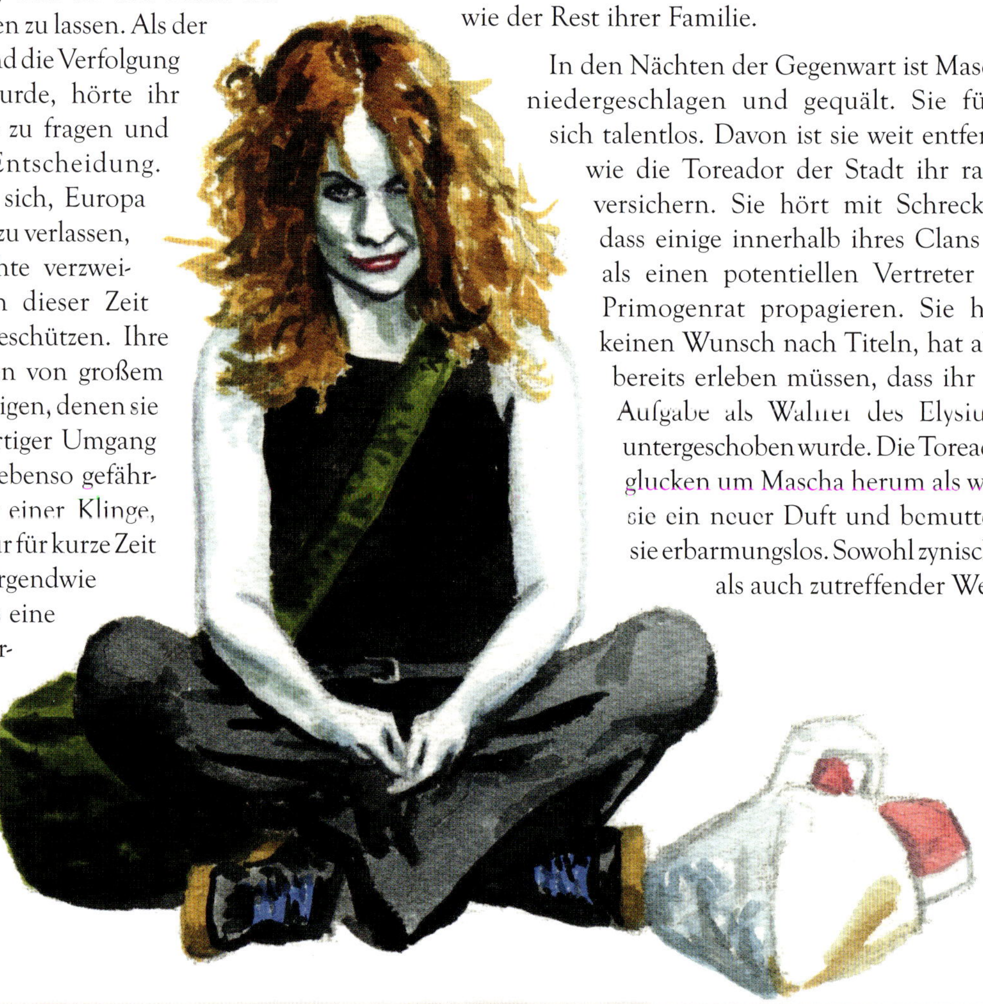

Maschas erste Reaktion, als sie aufwachte, war es, nach den Schicksalen ihrer Verwandten und Freunde zu forschen, aber die niederschmetternde Wahrheit lässt sie jedes Mal wieder aufhören, wenn sie damit beginnen möchte. Ihr Erzeuger brachte sie an diesen neuen Ort und fungierte als Primogen und Wahrer des Elysiums, während sie schlief. Sie weiß nicht, warum er sie niemals aufweckte, denn er hat seitdem die Stadt verlassen und die Aufgaben im Elysium in ihre Hände übergeben. Mascha ist bei einer Handvoll von Gelegenheiten im Elysium erschienen und hat etwas von ihrer Poesie vorgetragen – die ein entzücktes Publikum gefunden hat – aber sie fürchtet sich davor, den Kontakt zur zeitgenössischen Kultur zu verlieren. Sie ist hin- und hergerissen zwischen dem Wunsch, wieder nach Hause zurückzukehren und sich einen Weg durch die Trümmer der Vergangenheit zu bahnen, und sich ihrem Erzeuger gegenüber anständig zu verhalten, der sie davor bewahrte, dasselbe Schicksal zu erleiden wie der Rest ihrer Familie.

In den Nächten der Gegenwart ist Mascha niedergeschlagen und gequält. Sie fühlt sich talentlos. Davon ist sie weit entfernt, wie die Toreador der Stadt ihr rasch versichern. Sie hört mit Schrecken, dass einige innerhalb ihres Clans sie als einen potentiellen Vertreter im Primogenrat propagieren. Sie hegt keinen Wunsch nach Titeln, hat aber bereits erleben müssen, dass ihr die Aufgabe als Wahrer des Elysiums untergeschoben wurde. Die Toreador glucken um Mascha herum als wäre sie ein neuer Duft und bemuttern sie erbarmungslos. Sowohl zynischer als auch zutreffender Weise hegt sie den Verdacht, dass sie auch eine von diesen neidischen Dekadenten werden wird, wenn erst einmal genug Zeit vergangen ist.

Nur widerwillig richtet Mascha Galas und Veranstaltungen aus, immer mit einer etwas ungezwungenen Atmosphäre. Wenn sie sich schwer damit tut, in die Pracht und den Prunk zu investieren, den andere Elysien zur Schau stellen, betrachten ihre Artgenossen sie als avantgardistisch. Je mehr sie versucht, sich vor dem Blick der Kainskinder der Stadt zu verbergen, desto interessierter sind die anderen plötzlich an diesem Naturtalent einer Künstlerin.

Beschreibung: Mascha ist blass, hat wirres Haar und das Erscheinungsbild eines Straßenkindes. Sie ist bescheiden und macht sich auch nicht die Mühe, anders auszusehen. Sie trägt nur selten imposante Kleidung. Stattdessen bevorzug sie schlichte Kittel und Kleider. Ihre Lippen sind von auffallend natürlicher rubinroter Färbung und zeigen nur selten ein Lächeln.

Mascha spricht mit schwerem Akzent und sie arbeitet noch immer daran, die englische Sprache fließend zu sprechen. Ein Großteil der Aufmerksamkeit, die sie auf sich zieht, lässt sie eher zurückschrecken, teils aus Verlegenheit, teils aus Abneigung gegen ihr Publikum.

Rollenspielerische Hinweise: Mascha ist scheu und rasch mit Selbstkritik bei der Hand. Sie ist auch kritisch mit anderen und spielt die Rolle eines Störenfrieds, wenn sie unter vertrauten Partnern ist oder wenn sie Poesie vorträgt. Sie ist zutiefst frustriert über ihren Mangel an kultureller Wahrnehmung und neigt deshalb dazu, andere durch barsche Worte und schlagfertige Erwiderungen zu treffen, anstatt sich zu einem Thema verleiten zu lassen, über das sie wenig weiß. Maschas Empfindlichkeit im Hinblick auf ihre Unzulänglichkeiten führt dazu, dass sie lieber kratzbürstig ist als irgendjemandes Schüler.

Wenn sie sich mit dem Dadaismus, ihrer Familie oder dem beschäftigt, was sie ihr „erstes Leben“ nennt, wird Mascha schwärmerisch und freundlich. Wenn jemand erst einmal ihr Vertrauen gewonnen hat, wird sie wieder zu der geistreichen Kritikerin, der sie in den frühen 20er Jahren glich. Auf der Bühne ist sie die vollendete Darstellerin und erfüllt ihr Schauspiel und ihre Poesie mit Emotionen, die sie dann als zu grobschlächtig kritisiert. Rezensionen von anderen glaubt sie nur, wenn sie verurteilend sind oder von jemandem stammen, den sie als einen Kollegen respektiert.

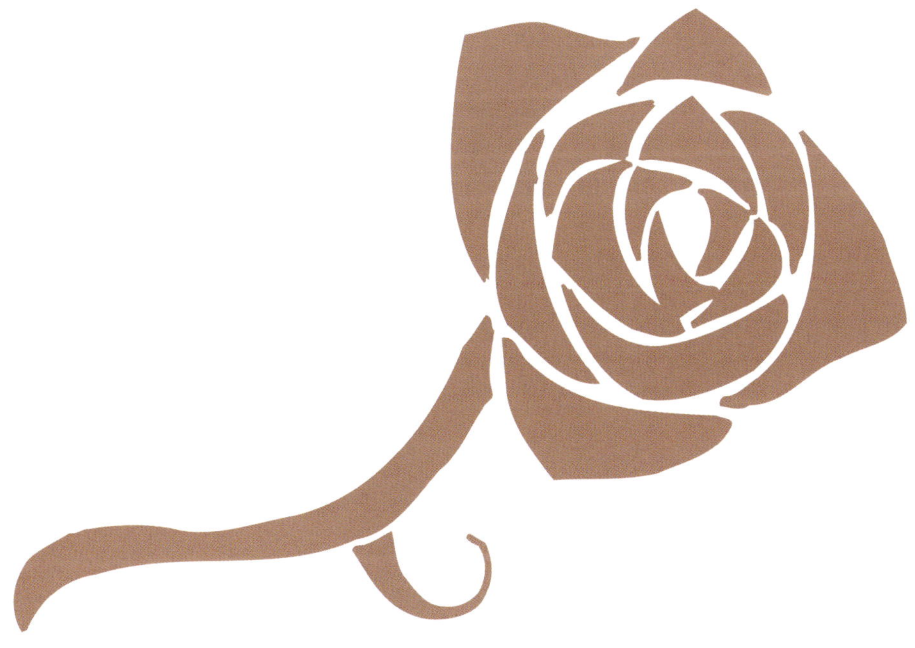

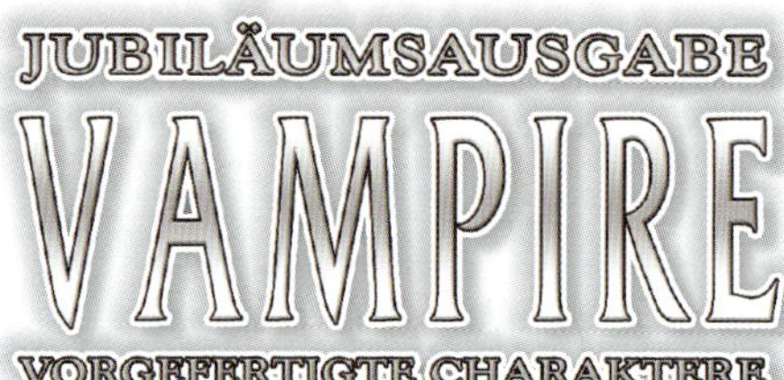

Name: Mascha Blumenfeld	**Wesen:** Masochist	**Clan/Blutlinie:** Toreador
Spieler:	**Verhalten:** Märtyrer	**Generation:** 10.
Chronik:	**Konzept:** Widerwillige Gastgeberin	**Sekte:** Camarilla

Attribute

Körperlich		Gesellschaftlich		Geistig	
Körperkraft	●●○○○	Charisma (eloquent)	●●●●○	Wahrnehmung (achtsam)	●●●●●
Geschick	●●●○○	Manipulation	●●●○○	Intelligenz	●●○○○
Widerstandsfähigkeit	●○○○○	Erscheinungsbild	●●●○○	Geistesschärfe	●●●○○

Fähigkeiten

Talente		Fertigkeiten		Kenntnisse	
Aufmerksamkeit	●●●○○	Diebstahl	○○○○○	Akademisches Wissen (Literatur)	●○○○○
Ausdruck (Poesie)	●●●●○	Etikette	●●○○○	Computer	○○○○○
Ausflüchte	○○○○○	Fahren	○○○○○	Finanzen	●○○○○
Einschüchtern	●○○○○	Handwerk	○○○○○	Gesetzeskenntnis (die Traditionen)	●○○○○
Empathie	●●○○○	Heimlichkeit	●●○○○	Medizin	○○○○○
Führungsqualitäten	●●○○○	Nahkampf	●○○○○	Nachforschungen	○○○○○
Handgemenge	○○○○○	Schusswaffen	○○○○○	Naturwissenschaften	○○○○○
Magiegespür	●○○○○	Tierkunde	○○○○○	Okkultismus	○○○○○
Sportlichkeit	●○○○○	Überleben	●●●○○	Politik	●●○○○
Szenekenntnis	○○○○○	Vortrag	●●○○○	Technologie	○○○○○
	○○○○○		○○○○○		○○○○○

Vorteile

Disziplinen		Hintergründe		Tugenden	
Auspex	●○○○○	Domäne	●●○○○	Gewissen/~~Überzeugung~~	●●●○○
Geschwindigkeit	●○○○○	Generation	●●●○○	Selbstbeherrschung/~~Instinkt~~	●●●○○
Präsenz	●○○○○	Kontakte	●●○○○	Mut	●●●●○
	○○○○○	Ressourcen	●●○○○		
	○○○○○	Status	●●●●○		
	○○○○○	Verbündete	●●○○○		

Vorzüge & Schwächen

Vorzüge	Kosten
Sprachen	1

Schwäche	Kosten
Gequälter Künstler (Wissen der Clans S.201)	1

Menschlichkeit/~~Pfad~~

●●●●●●○○○○

Haltung: Normalität (+0)

Willenskraft

●●●●●○○○○○

☐☐☐☐☐☐☐☐☐☐

Blutvorrat

☐☐☐☐☐☐☐☐☐☐

☐☐☐☐☐☐☐☐☐☐

Blut pro Runde:

Gesundheit

Blaue Flecken		☐
Verletzt	-1	☐
Schwer verletzt	-1	☐
Verwundet	-2	☐
Schwer Verwundet	-2	☐
Verkrüppelt	-5	☐
Außer Gefecht		☐

Notizen

Attribute: 7/5/3 • Fähigkeiten: 13/9/5 • Disziplinen: 3 • Hintergründe: 5 • Tugenden: 7 • Freie Zusatzpunkte: 15 (7/5/2/1)

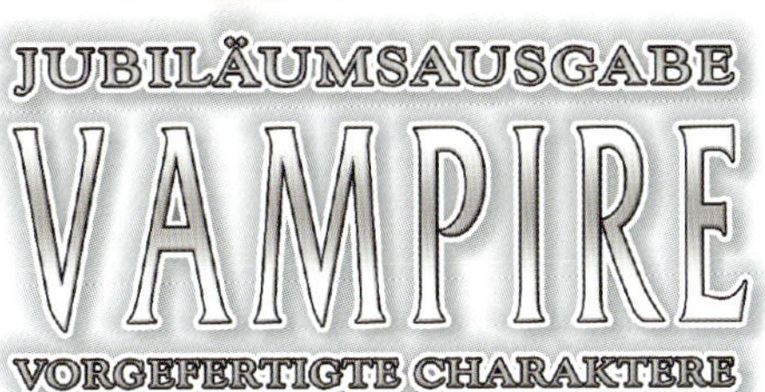

Name: Mascha Blumenfeld
Spieler:
Chronik:
Wesen: Masochist
Verhalten: Märtyrer
Konzept: Unvorstellbar zurückhaltende Primogen
Clan/Blutlinie: Toreador
Generation: 10.
Sekte: Camarilla

Attribute

Körperlich		Gesellschaftlich		Geistig	
Körperkraft	●●OOO	Charisma (eloquent)	●●●●O	Wahrnehmung (achtsam)	●●●●●
Geschick	●●●OO	Manipulation	●●●OO	Intelligenz	●●●OO
Widerstandsfähigkeit	●●OOO	Erscheinungsbild	●●●OO	Geistesschärfe	●●●OO

Fähigkeiten

Talente		Fertigkeiten		Kenntnisse	
Aufmerksamkeit	●●●OO	Diebstahl	OOOOO	Akademisches Wissen (Literatur)	●OOOO
Ausdruck (Poesie)	●●●●O	Etikette	●●OOO	Computer	OOOOO
Ausflüchte	OOOOO	Fahren	OOOOO	Finanzen	●OOOO
Einschüchtern	●●OOO	Handwerk	OOOOO	Gesetzeskenntnis (die Traditionen)	●●OOO
Empathie	●●●OO	Heimlichkeit	●●OOO	Medizin	OOOOO
Führungsqualitäten	●●OOO	Nahkampf	●OOOO	Nachforschungen	●OOOO
Handgemenge	OOOOO	Schusswaffen	OOOOO	Naturwissenschaften	OOOOO
Magiegespür	●OOOO	Tierkunde	OOOOO	Okkultismus	OOOOO
Sportlichkeit	●OOOO	Überleben	●●●OO	Politik	●●●OO
Szenekenntnis	OOOOO	Vortrag	●●OOO	Technologie	OOOOO
	OOOOO		OOOOO		OOOOO

Vorteile

Disziplinen		Hintergründe		Tugenden	
Auspex	●●●OO	Domäne	●●OOO	Gewissen/~~Überzeugung~~	●●●OO
Geschwindigkeit	●●OOO	Generation	●●●OO	Selbstbeherrschung/~~Instinkt~~	●●●OO
Präsenz	●OOOO	Kontakte	●●OOO	Mut	●●●●O
Verdunkelung	●OOOO	Ressourcen	●●OOO		
	OOOOO	Status	●●●●O		
	OOOOO	Verbündete	●●OOO		

Vorzüge & Schwächen

Vorzüge	Kosten
Sprachen	1

Schwäche	Kosten
Gequälter Künstler (Wissen der Clans S. 201)	1

Menschlichkeit/~~Pfad~~

●●●●●●OOOO

Haltung: Normalität (+0)

Willenskraft

●●●●●OOOOO

□□□□□□□□□□

Blutvorrat

□□□□□□□□□□
□□□□□□□□□□

Blut pro Runde:

Gesundheit

Blaue Flecken		□
Verletzt	-1	□
Schwer verletzt	-1	□
Verwundet	-2	□
Schwer Verwundet	-2	□
Verkrüppelt	-5	□
Außer Gefecht		□

Notizen

Kombinierte Disziplin: Doppelzüngigkeit (Wissen der Clans S. 203)
Rasiermesserscharfe Zunge (Wissen der Clans S. 204)

Attribute: 7/5/3 • Fähigkeiten: 13/9/5 • Disziplinen: 3 • Hintergründe: 5 • Tugenden: 7 • Freie Zusatzpunkte: 15 (7/5/2/1)

ANGEL DIETRICH

„Können Sie das „Verpiss dich" in meinem Lächeln erkennen?"

„Ich hasse die meisten Leute, aber ich reserviere eine besondere Nische des Ekels für Sie."

„Die Büchse. Sie haben sie geöffnet. Wir ... es tut mir leid. Sie verstehen den Verweis tatsächlich nicht?"

Hintergrund: Angel ist in einer Kommune aufgewachsen und betrachtet ihre Kindheit als eine entsetzlich langweilige Zeit, die sie damit verbracht hat, von dem zu leben, was das Land ihnen gab und mit der Natur in Einklang zu sein. Die einzigen Dinge, die ihr zu ihrer Zerstreuung blieben, waren ihre Musik und der Vorrat an Büchern über spirituelle Themen. Sie entfernte sich von der realen Welt, wenn ihr Kopf in einem Text vergraben war oder sie in den Wäldern auf ihrer Klarinette spielte.

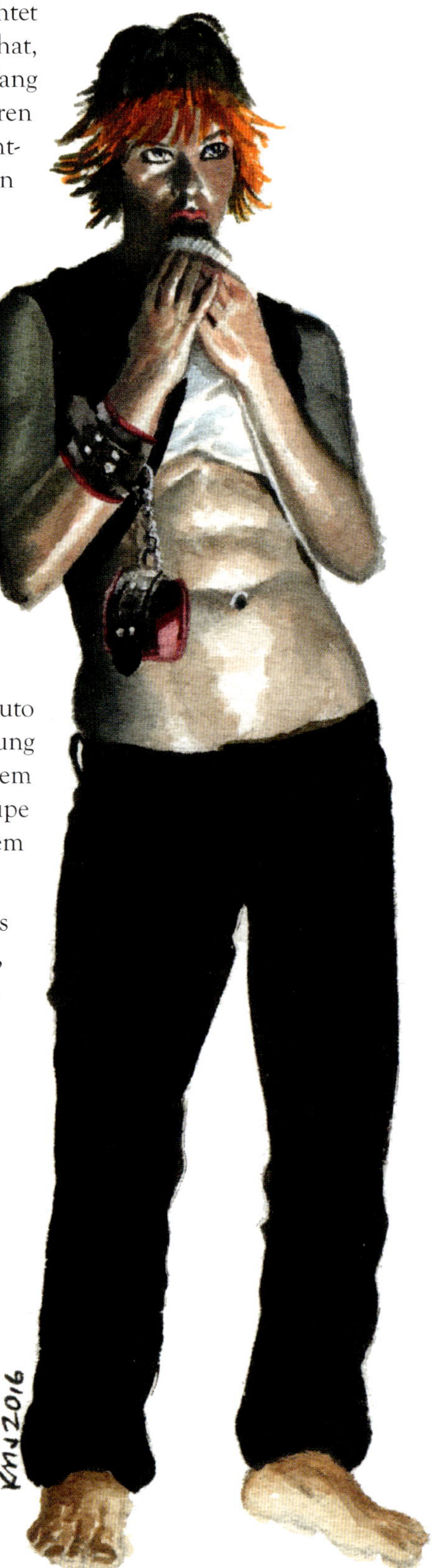

Der Sozialdienst befand, dass das Umfeld der Kommune für das Aufwachsen eines Teenagers nicht geeignet sei und nahm sie mit, um sie in das weiterführende Schulsystem zu stecken. Sie traf sehr unterschiedliche Jugendliche, benutzte ihren ersten Computer, zeigte herausragendes Talent im akademischen Bereich und wurde von all dem völlig ausgelaugt. Angel öffnete sich für die Gegenkultur – sie rebellierte gegen das Schulsystem. Sie färbte sich die Haare, ließ sich ein Tattoo stechen und legte sich Piercings an ihrem ganzen Körper zu. Ihre Bande brach regelmäßig in das Büro des Direktors ein, um dort Horrorfilme auf seinem Fernseher anzusehen, die sie dann an Stellen anhielten, die Szenen von Gewalt oder Nacktheit zeigten, bevor sie flohen. Regelmäßig wurde sie von der Lehrerschaft gemaßregelt, aber nur wenige Strafpredigten blieben haften.

Am Abend ihres 14. Geburtstages stahlen Angel und ihre Kumpels das Auto eines Lehrers. Aufgrund ihrer durch Wodka verursachten Alkoholvergiftung überfuhr Angel den Schulhausmeister, oder sie hätte es beinahe. In diesem Augenblick weiteten sich ihre Augen und sie sah alles nur noch in Zeitlupe oder den Hausmeister in erhöhtem Tempo. Angel weiß, dass sie in diesem Moment zum ersten Mal Magie wirkte.

Ein Tremere hatte schon vor langer Zeit seine Zuflucht im Kellergeschoss der Schule eingerichtet und die Schutzzeichen, die er angebracht hatte, um den Einsatz von Magie zu erkennen, machten sich bald bemerkbar. Da er vorgewarnt war, überprüfte er die Pupillen und erkannte eine Aura echter magischer Kraft, die Angel umgab. Nachdem er sie über mehrere Jahre hinweg beobachtet hatte und die Zustimmung von seinem Gildehaus und dem Prinzen erhalten hatte, gewährte der Hexenmeister ihr den Kuss.

Angel fällt es leicht, eine Gelehrte der thaumaturgischen Prinzipien zu sein, aber je mehr man ihr vorschreibt, sich anzupassen, desto mehr lehnt sie die strenge Autorität der Pyramide ab. Da ihr Erzeuger sie bei sich behielt, hatte Angel zum ersten Mal so etwas wie eine verlässliche Vaterfigur, aber weder möchte noch braucht sie einen Patriarchen, um arbeiten zu können. Ja, er unterweist sie in neuen Riten, aber sein anmaßendes Wesen bringt Angel dazu, seine Bibliothek in Brand stecken zu wollen.

Angel verbringt viel Zeit damit, in Filmen oder Spielen zu schwelgen, jetzt, da sie alle Zeit der Welt hat, um zu lernen. Entweder stiehlt sie sie aus der Schule oder überredet ihren Erzeuger dazu, sie noch ein paar Horrorfilme schauen zu lassen, damit sie sich anschließend mit ihm hinsetzt und ihre Blutmagie lernt. Sie hasst es, dazu gezwungen zu werden, irgendetwas zu tun und sie verbringt viel Zeit damit, aufrührerische Gruppen innerhalb der Clanstruktur aufzutun. Sie hofft, sich irgendwann einem dieser Geheimorden anzuschließen, nur um die Hierarchie zu unterwandern.

Beschreibung: Angel ähnelt in ihrer Erscheinung einem hageren Teenager, aber sie hat den trotzigen Kiefer und Blick eines abgebrühten Griesgrams. Als sie den Kuss empfing, war bei ihr gerade wieder Nachfärben ihrer Haare angesagt, was jetzt zu einem zweifarbigen Effekt führt, der ihr aber nicht wichtig genug ist, um etwas daran zu ändern. Mit Stolz trägt Angel Piercings in ihrem gesamten Gesicht sowie in ihrem Gaumen, ihrer Zunge und an allen möglichen anderen Stellen, die nicht sichtbar sind.

Das Tattoo in ihrem Nacken ist einem Bild nachempfunden, das sie in ihrer Kindheit in der Bibliothek der Kommune gesehen hatte. Sie wusste nicht, dass es sich um das Siegel einer magischen Tradition handelte und bis zur heutigen Nacht ist sie sich dessen nicht bewusst. Angel trägt am liebsten Schwarz-, Lila- und Rottöne und wenn man es ihr durchgehen lässt, trägt sie zusätzlich Requisiten aus der BDSM-Szene.

Rollenspielerische Hinweise: Angel behauptet lautstark, sich nicht darum zu scheren, was andere denken, aber teilweise sticht sie gerade deshalb körperlich hervor, damit andere es bemerken. Nachdem sie eine Kindheit ohne richtige Unterstützung oder Anerkennung durchleben musste, tut sie sich schwer damit, irgendwo dazuzugehören, und sie hasst es, ignoriert zu werden.

Angel weiß, dass sie überaus intelligent ist und sie ist großzügig mit ihrem Intellekt. Wenn sie echte Anerkennung bekommt und nicht wie ein Kind behandelt wird, unterrichtet sie andere zwar mit Vorsicht aber sehr bereitwillig. Wenn man ihr etwas vorschreiben oder sie bevormunden möchte, reagiert Angel mit Sarkasmus und absichtlichen Fehlern.

Angel ist fasziniert von der Gegenkultur und von denen, die sich dem System widersetzen wollen. Sie hängt an den Lippen von jedem, der sich gegen das Establishment auflehnt. Worte sind nur Schall und Rauch, deshalb ist sie ein Anhänger derer, die ihre Redegewandtheit durch Taten untermauern. Die Anarchen würden sie durchaus interessieren, wenn sie von ihnen wüsste.

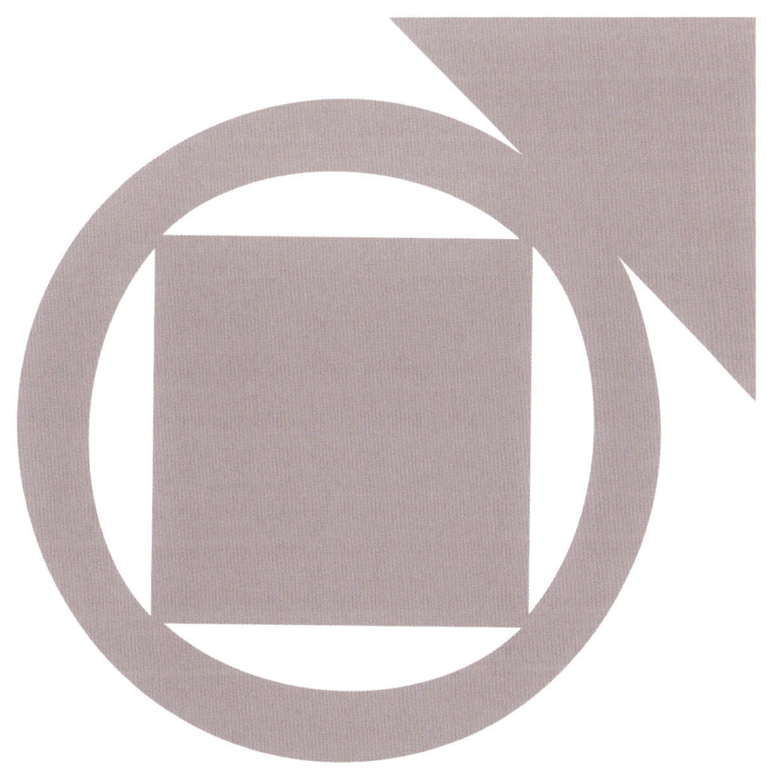

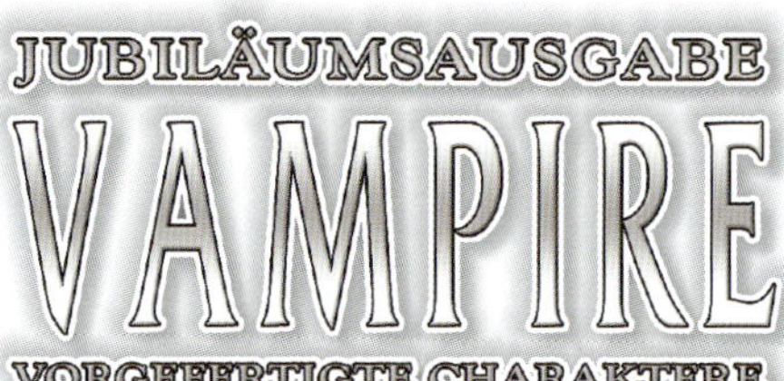

Name: Angel Dietrich	**Wesen:** Rebell	**Clan/Blutlinie:** Tremere
Spieler:	**Verhalten:** Griesgram	**Generation:** 9.
Chronik:	**Konzept:** Beständiger Grufti	**Sekte:** Camarilla

Attribute

Körperlich		Gesellschaftlich		Geistig	
Körperkraft	●○○○○	Charisma	●●○○○	Wahrnehmung	●●○○○
Geschick	●●●○○	Manipulation (angemessen)	●●●●○	Intelligenz (Bücherwissen)	●●●●●
Widerstandsfähigkeit	●●○○○	Erscheinungsbild	●●○○○	Geistesschärfe	●●●○○

Fähigkeiten

Talente		Fertigkeiten		Kenntnisse	
Aufmerksamkeit	●●○○○	Diebstahl	○○○○○	Akademisches Wissen (Medienwissenschaft)	●●●●○
Ausdruck	●●○○○	Etikette	○○○○○	Computer	●●○○○
Ausflüchte	●○○○○	Fahren	●○○○○	Finanzen	○○○○○
Einschüchtern	○○○○○	Handwerk (Blasinstrumente)	●○○○○	Gesetzeskenntnis	○○○○○
Empathie	●○○○○	Heimlichkeit	●●○○○	Medizin	○○○○○
Führungsqualitäten	○○○○○	Nahkampf	●○○○○	Nachforschungen	●○○○○
Handgemenge	○○○○○	Schusswaffen	○○○○○	Naturwissenschaften	○○○○○
Magiegespür (Gebrauch der Disziplin)	●●●●○	Tierkunde	○○○○○	Okkultismus (Rituale)	●●●●○
Sportlichkeit	●●○○○	Überleben	○○○○○	Politik	○○○○○
Szenekenntnis	○○○○○	Vortrag (Klarinette)	●●○○○	Technologie	○○○○○
	○○○○○		○○○○○		○○○○○

Vorteile

Disziplinen		Hintergründe		Tugenden	
Thaumaturgie	●●●○○	Domäne	●○○○○	Gewissen/~~Überzeugung~~	●●●●○
(Pfad des Blutes)	○○○○○	Generation	●●●●○	Selbstbeherrschung/~~Instinkt~~	●●●○○
	○○○○○	Herde	●○○○○	Mut	●●●○○
	○○○○○	Mentor	●●●○○		
	○○○○○	Status	●○○○○		
	○○○○○	Verbündete	●●○○○		

Vorzüge & Schwächen

Vorzüge	Kosten
Schlüssel zur Bibliothek	3
(Wissen der Clans S. 219)	

Schwäche	Kosten
Magierblut	5
(Wissen der Clans S. 220)	

Menschlichkeit/~~Pfad~~

●●●●●●●○○○

Haltung: Normalität (+0)

Willenskraft

●●●●●●●●○○

□□□□□□□□□□

Blutvorrat

□□□□□□□□□□

□□□□□□□□□□

Blut pro Runde: ____

Gesundheit

Blaue Flecken		□
Verletzt	-1	□
Schwer verletzt	-1	□
Verwundet	-2	□
Schwer Verwundet	-2	□
Verkrüppelt	-5	□
Außer Gefecht		□

Notizen

Rituale:
Verständigung mit dem Erzeuger

Attribute: 7/5/3 • Fähigkeiten: 13/9/5 • Disziplinen: 3 • Hintergründe: 5 • Tugenden: 7 • Freie Zusatzpunkte: 15 (7/5/2/1)

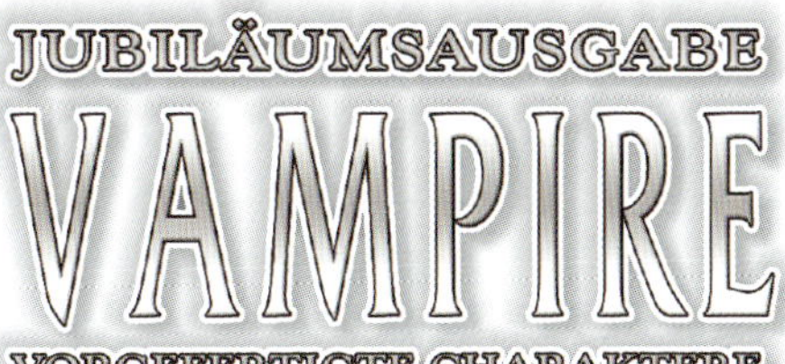

Name: Angel Dietrich
Spieler:
Chronik:

Wesen: Rebell
Verhalten: Griesgram
Konzept: Ewiger Grufti

Clan/Blutlinie: Tremere
Generation: 9.
Sekte: Camarilla

Attribute

Körperlich

Körperkraft ●●○○○
Geschick ●●●○○
Widerstandsfähigkeit ●●○○○

Gesellschaftlich

Charisma ●●○○○
Manipulation (angemessen) ●●●●○
Erscheinungsbild ●●○○○

Geistig

Wahrnehmung ●●○○○
Intelligenz (Bücherwissen) ●●●●●
Geistesschärfe (schlagfertig) ●●●●○

Fähigkeiten

Talente

Aufmerksamkeit ●●○○○
Ausdruck ●●●○○
Ausflüchte ●●○○○
Einschüchtern ○○○○○
Empathie ●●○○○
Führungsqualitäten ○○○○○
Handgemenge ○○○○○
Magiegespür (Gebrauch der Disziplin) ●●●●○
Sportlichkeit ●●○○○
Szenekenntnis ●●○○○
______ ○○○○○

Fertigkeiten

Diebstahl ○○○○○
Etikette ○○○○○
Fahren ●○○○○
Handwerk (Blasinstrumente) ●○○○○
Heimlichkeit ●●○○○
Nahkampf ●●○○○
Schusswaffen ○○○○○
Tierkunde ○○○○○
Überleben ○○○○○
Vortrag (Klarinette) ●●●○○
______ ○○○○○

Kenntnisse

Akademisches Wissen (Medienwissenschaft) ●●●●○
Computer ●●●○○
Finanzen ○○○○○
Gesetzeskenntnis ○○○○○
Medizin ○○○○○
Nachforschungen ●●●○○
Naturwissenschaften ○○○○○
Okkultismus (Rituale) ●●●●○
Politik ○○○○○
Technologie ○○○○○
______ ○○○○○

Vorteile

Disziplinen

Thaumaturgie 3 ●●●○○
(Pfad des Blutes) ○○○○○
Thaumaturgie 2 ●●○○○
(Der Lockruf der Flammen) ○○○○○
Thaumaturgie 1 ●○○○○
(Thaumaturgische Gegenzauber) ○○○○○

Hintergründe

Domäne ●○○○○
Generation ●●●●○
Herde ●○○○○
Mentor ●●●○○
Status ●○○○○
Verbündete ●●○○○

Tugenden

Gewissen/~~Überzeugung~~ ●●●●○
Selbstbeherrschung/~~Instinkt~~ ●●●○○
Mut ●●●○○

Vorzüge & Schwächen

Vorzüge	Kosten
Schlüssel zur Bibliothek	3
(Wissen der Clans, S. 219)	

Schwäche	Kosten
Magierblut	5
(Wissen der Clans S. 220)	

Menschlichkeit/~~Pfad~~

●●●●●●●○○○
Haltung: Normalität (+0)

●●●●●●●●○○
□□□□□□□□□□

Blutvorrat

□□□□□□□□□□
□□□□□□□□□□
Blut pro Runde: ______

Gesundheit

Blaue Flecken		□
Verletzt	-1	□
Schwer verletzt	-1	□
Verwundet	-2	□
Schwer Verwundet	-2	□
Verkrüppelt	-5	□
Außer Gefecht		□

Notizen

Rituale:
Verständigung mit dem Erzeuger, Bereitung des Gefäßes der Übertragung, Blutreinigung (Wissen der Clans S. 221)

Attribute: 7/5/3 • Fähigkeiten: 13/9/5 • Disziplinen: 3 • Hintergründe: 5 • Tugenden: 7 • Freie Zusatzpunkte: 15 (7/5/2/1)

D. Z. Schillinger

„Möchten Sie einen netten Hundewelpen sehen?“

„Nennen Sie mich nicht Künstler. Klingt so, als würde ich das aus Spaß machen.“

„Sie war eine arme, unschuldige Ratte. Sie haben von ihr getrunken. Ich verfüttere Sie an ein paar weniger freundliche Ratten.“

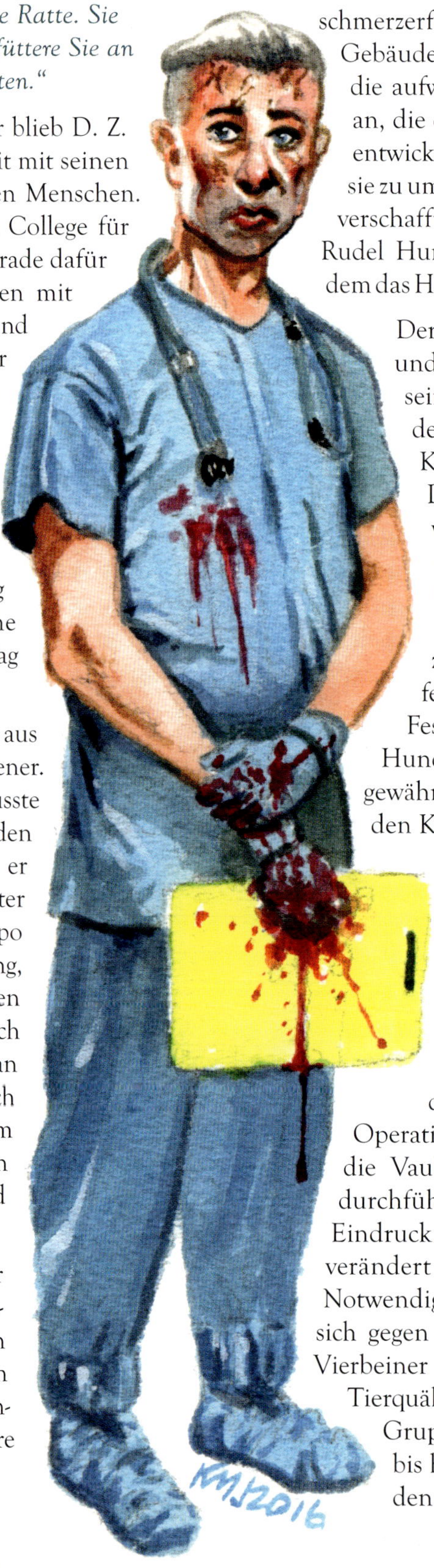

Hintergrund: Als Sterblicher blieb D. Z. für sich und verbrachte mehr Zeit mit seinen geretteten Tieren als mit anderen Menschen. Während seiner Studienzeit am College für Veterinärmedizin war er nicht gerade dafür bekannt, langfristige Beziehungen mit seinen Mitstudenten einzugehen und die wenigen Personen, mit denen er sich verabredete, beschrieben ihn als „sonderbar“ aus Gründen, für die er nicht wirklich etwas konnte. Unterhaltungen mit D. Z. waren tendenziell bestenfalls kurz und knapp und im schlimmsten Fall einsilbig oder nicht vorhanden. Manche Verhaltensweisen, die er an den Tag legte, ließen andere kalt.

D. Z. machte sich niemals etwas aus seinem Status als sozial Ausgestoßener. Er wünschte sich Zuneigung, wusste aber, dass er diese am besten von den Tieren bekommen konnte, die er rettete und gesund pflegte. Zu später Stunde fuhr er im Schneckentempo in seinem Auto an der Straße entlang, um verletzte Kreaturen aufzugreifen und seine Fähigkeiten im Bereich der chirurgischen Behandlungen an ihnen zu erproben. Wenn sie noch lebten, behandelte er sie wie ihm nahestehende Personen. Wenn sie starben, höhlte er sie aus und machte sie zu Tierpräparaten.

Seine Zuneigung zu Tieren war derart groß, dass D. Z. regelmäßig in Tierhandlungen, Gärten oder Häuser einbrach, in denen er vermutete, dass Tiere misshandelt wurden. Indem er diese Tiere entführte, wollte er ihnen die Liebe geben, die sie seiner Meinung nach verdienten. An einem dieser Häuser kam er jeden Morgen auf seinem Weg zum College vorbei. Andauernd bellten dort Hunde und ihr Gebell klang schmerzerfüllt und hungrig. Er begann, das Gebäude unter die Lupe zu nehmen, sah sich die aufwendigen Sicherheitssysteme genau an, die der Besitzer eingerichtet hatte, und entwickelte schließlich eine Möglichkeit, um sie zu umgehen. Als er sich gewaltsam Zutritt verschaffte, schreckte er damit mehr als ein Rudel Hunde auf, denn auch der Tzimisce, dem das Haus gehörte, brach über D. Z. herein.

Der Kainit glaubte, D. Z. sei ein Spion und folterte ihn sehr lange, um ihn über seine Kenntnisse über die Aktivitäten der Camarilla und den Namen des Kainskindes auszufragen, in dessen Diensten er stand. D. Z. wusste nichts, was für den Sabbat-Vampir schnell ersichtlich wurde. Ursprünglich hatte der Tzimisce beabsichtig, D. Z. zu töten, aber als er eines Nachts zu seiner Zuflucht zurückkehrte und feststellen musste, dass D. Z. seinen Fesseln entkommen war – aber die Hunde versorgte, anstatt zu fliehen – gewährte er dem eigenartigen Sterblichen den Kuss.

D. Z. kennt sich ein wenig mit Sektenpolitik aus, aber er bringt sich nur minimal in die Absichten des Sabbat ein. Sein Erzeuger hat ihn niemals dazu gezwungen, sich einem Rudel anzuschließen, denn er legt mehr Wert darauf, dass sein Kind seine faszinierenden Operationen ohne Einschränkungen durch die Vaulderie oder andere Ablenkungen durchführen kann. D. Z. hat nicht den Eindruck, dass seine Ansichten sich sehr verändert haben, mal abgesehen von der Notwendigkeit, Blut zu trinken. Er sperrt sich gegen den Gedanken, von irgendeinem Vierbeiner zu trinken und ist darum bemüht, Tierquäler ins Visier zu nehmen – eine breite Gruppe, die von tatsächlichen Sadisten bis hin zu gleichgültigen konkurrierenden Hundetrainern reicht.

Sein Erzeuger hat die Absicht, D. Z. im Bereich der Kriegsghule und der Gebilde zu unterweisen, die aus Tierteilen gemacht sind. D. Z. verabscheut den Gedanken, seinen geliebten Tieren irgendwelche Schmerzen zuzufügen, aber sein Erzeuger hofft darauf, dass sein Kind letzten Endes zu einem Erfinder im Bereich der bahnbrechenden Fabelwesen wird.

Beschreibung: D. Z. erscheint als ein bemerkenswerter junger Mann in den frühen 20ern, der von Kontrasten besessen ist. Seine hageren Züge und hervortretenden Wangenknochen werden durch runde, feuchte Augen und wulstige Lippen ausgeglichen. Sein exakter Haarschnitt – fast durchscheinendes Grau, das auf seinem Kopf fast obsessiv frisiert ist, mit rasierten Seiten – passt nicht zu seiner vernarbten Haut und seinen ungepflegten Bartstoppeln.

D. Z. trägt zweckmäßige Kleidung und verzichtet dabei auf Mode zugunsten von Funktionalität. Wenn er eine Operation durchführt, trägt er einen OP-Kittel ohne Maske, wobei er in der letzten Zeit Plastik und Vinyl getragen hat, weil es sich leichter abwaschen lässt. Wenn er in eine seltene soziale Interaktion verwickelt ist, sieht er in allem anderen außer einem unaufdringlichen schweren Mantel und einer alltäglichen Hose unbehaglich aus.

Rollenspielerische Hinweise: D. Z. ist sonderbar und er gibt sich auch keine Mühe, dies zu verbergen. Er neigt dazu, überflüssige Verben in einer Konversation wegzulassen, er ignoriert Aussagen und Fragen, die er für redundant hält und lässt sich eher von einer vorbeischleichenden Katze ablenken als von den Bekanntmachungen eines Erzbischofs.

Er hat einen Sinn für Humor, der sich nur in seinem eigenen Kopf richtig wiedergeben lässt. Er macht Bemerkungen über Sterblichkeit, die an schwarzen Humor grenzen, neigt aber dazu, am Ziel vorbei zu schießen und stattdessen herzlos zu klingen. Wenn ihm der Mangel an Wertschätzung etwas ausmacht, lässt D. Z. es sich nicht anmerken.

D. Z. ist fasziniert von den tierischen Merkmalen der Gangrel und vereinzelter Nosferatu und von denjenigen, die den Geist und den Körper von Tieren beeinflussen können. D. Z. nahezukommen, ist eine Herausforderung, deshalb ist es eine Überraschung, wenn er in der Gegenwart dieser Vampire ebenso lebhaft wird wie ein Spaniel, der Gassi geführt wird.

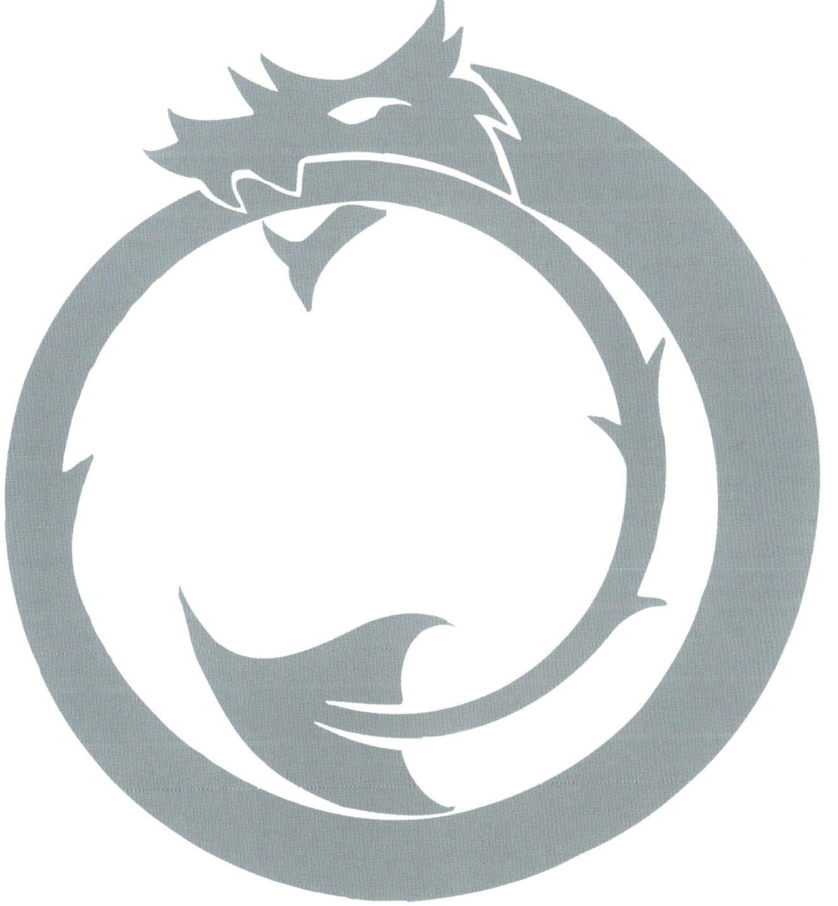

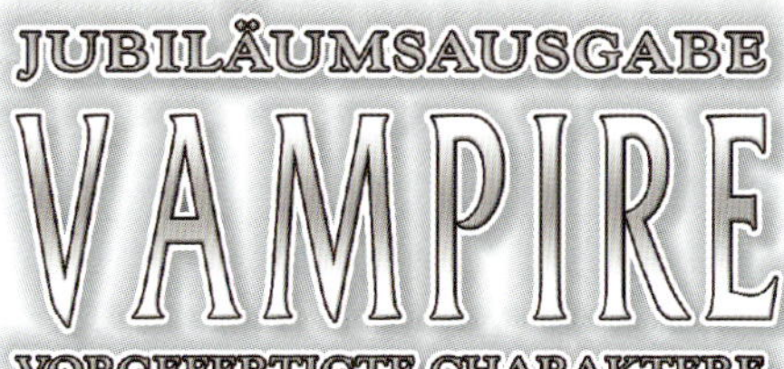

Name: D.Z Schillinger
Spieler:
Chronik:

Wesen: Wissenschaftler
Verhalten: Einzelgänger
Konzept: Illegal operierender Tierarzt

Clan/Blutlinie: Tzimisce
Generation: 11.
Sekte: Sabbat

Attribute

Körperlich		Gesellschaftlich		Geistig	
Körperkraft	●●○○○	Charisma	●○○○○	Wahrnehmung	●●●○○
Geschick	●●●○○	Manipulation	●●○○○	Intelligenz (analytisch)	●●●●○
Widerstandsfähigkeit	●●●○○	Erscheinungsbild	●●●○○	Geistesschärfe	●●●○○

Fähigkeiten

Talente		Fertigkeiten		Kenntnisse	
Aufmerksamkeit	●○○○○	Diebstahl	○○○○○	Akademisches Wissen	○○○○○
Ausdruck	○○○○○	Etikette	○○○○○	Computer	○○○○○
Ausflüchte	●○○○○	Fahren	●●○○○	Finanzen	○○○○○
Einschüchtern	●●○○○	Handwerk (Nähen)	●●●○○	Gesetzeskenntnis	○○○○○
Empathie	○○○○○	Heimlichkeit	●●○○○	Medizin	●●●○○
Führungsqualitäten	○○○○○	Nahkampf	●●○○○	Nachforschungen	●○○○○
Handgemenge	○○○○○	Schusswaffen	○○○○○	Naturwissenschaften (Biologie)	●●●●○
Magiegespür	●○○○○	Tierkunde	●●●○○	Okkultismus	●○○○○
Sportlichkeit	●○○○○	Überleben	●○○○○	Politik	○○○○○
Szenekenntnis	○○○○○	Vortrag	○○○○○	Technologie (Sicherheit)	●●●●○
	○○○○○		○○○○○		○○○○○

Vorteile

Disziplinen		Hintergründe		Tugenden	
Fleischformen	●○○○○	Domäne	●○○○○	~~Gewissen~~/Überzeugung	●●●●○
Tierhaftigkeit	●●○○○	Gefolgsleute	●●○○○	~~Selbstbeherrschung~~/Instinkt	●●●○○
	○○○○○	Generation	●●○○○	Mut	●●●○○
	○○○○○	Ressourcen	●○○○○		
	○○○○○	Rituale	●○○○○		
	○○○○○	Verbündete	●○○○○		

Vorzüge & Schwächen

Vorzüge	Kosten

Schwäche	Kosten
Kein Blinzeln (Wissen der Clans S. 239)	1

~~Menschlichkeit~~/Pfad

Pfad des wilden Herzens

●●●●●●●○○○

Haltung: Bedrohung (+0)

●●●●●○○○○○

□□□□□□□□□□

Blutvorrat

□□□□□□□□□□
□□□□□□□□□□

Blut pro Runde:

Gesundheit

Blaue Flecken		□
Verletzt	-1	□
Schwer verletzt	-1	□
Verwundet	-2	□
Schwer Verwundet	-2	□
Verkrüppelt	-5	□
Außer Gefecht		□

Notizen

Attribute: 7/5/3 • Fähigkeiten: 13/9/5 • Disziplinen: 3 • Hintergründe: 5 • Tugenden: 7 • Freie Zusatzpunkte: 15 (7/5/2/1)

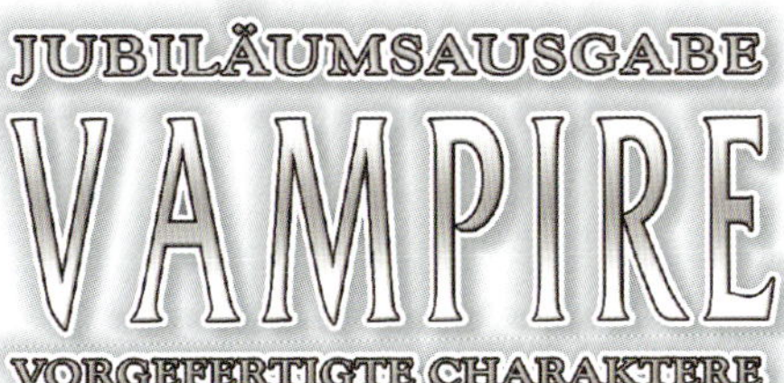

Name: D.Z. Schillinger	**Wesen:** Wissenschaftler	**Clan/Blutlinie:** Tzimisce
Spieler:	**Verhalten:** Einzelgänger	**Generation:** 11.
Chronik:	**Konzept:** Innovativer Fleischformer	**Sekte:** Sabbat

Attribute

Körperlich		Gesellschaftlich		Geistig	
Körperkraft	●●OOO	Charisma	●●OOO	Wahrnehmung	●●●OO
Geschick	●●●OO	Manipulation	●●OOO	Intelligenz (analytisch)	●●●●O
Widerstandsfähigkeit	●●●OO	Erscheinungsbild	●●●OO	Geistesschärfe	●●●OO

Fähigkeiten

Talente		Fertigkeiten		Kenntnisse	
Aufmerksamkeit	●●OOO	Diebstahl	OOOOO	Akademisches Wissen (Naturkunde)	●OOOO
Ausdruck	OOOOO	Etikette	OOOOO	Computer	OOOOO
Ausflüchte	●●●OO	Fahren	●●OOO	Finanzen	OOOOO
Einschüchtern (verstörend)	●●●●O	Handwerk (Nähen)	●●●OO	Gesetzeskenntnis	OOOOO
Empathie	●●OOO	Heimlichkeit	●●OOO	Medizin (Veterinär)	●●●OO
Führungsqualitäten	OOOOO	Nahkampf	●●●OO	Nachforschungen	●●OOO
Handgemenge	OOOOO	Schusswaffen	OOOOO	Naturwissenschaften (Biologie)	●●●●O
Magiegespür	●●OOO	Tierkunde	●●●OO	Okkultismus	●●OOO
Sportlichkeit	●●OOO	Überleben	●●OOO	Politik	OOOOO
Szenekenntnis	OOOOO	Vortrag	OOOOO	Technologie (Sicherheit)	●●●●O
	OOOOO		OOOOO		OOOOO

Vorteile

Disziplinen		Hintergründe		Tugenden	
Fleischformen	●●●OO	Domäne	●OOOO	~~Gewissen~~/ Überzeugung	●●●●O
Seelenstärke	●OOOO	Gefolgsleute	●●OOO	~~Selbstbeherrschung~~/ Instinkt	●●●OO
Tierhaftigkeit	●●OOO	Generation	●●OOO	Mut	●●●OO
	OOOOO	Ressourcen	●OOOO		
	OOOOO	Rituale	●OOOO		
	OOOOO	Verbündete	●OOOO		

Vorzüge & Schwächen

Vorzüge	Kosten

Schwäche	Kosten
Kein Blinzeln	1
(Wissen der Clans S. 239)	

~~Menschlichkeit~~/Pfad

Pfad des wilden Herzens

● ● ● ● ● ● ● O O O

Haltung: Bedrohung (+0)

Willenskraft

● ● ● ● ● O O O O O

☐☐☐☐☐☐☐☐☐☐

Blutvorrat

☐☐☐☐☐☐☐☐☐☐
☐☐☐☐☐☐☐☐☐☐

Blut pro Runde:

Gesundheit

Blaue Flecken		☐
Verletzt	-1	☐
Schwer verletzt	-1	☐
Verwundet	-2	☐
Schwer Verwundet	-2	☐
Verkrüppelt	-5	☐
Außer Gefecht		☐

Notizen

Attribute: 7/5/3 • Fähigkeiten: 13/9/5 • Disziplinen: 3 • Hintergründe: 5 • Tugenden: 7 • Freie Zusatzpunkte: 15 (7/5/2/1)

Go Yu-ri

„Sie nennen den Gegenstand, ich nenne den Preis. Nichts ist unerschwinglich, kein Preis ist vom Tisch."

„Der Prinz wünscht nur das Beste. Er kann sich das Beste aber nicht leisten, deshalb überzeugen wir ihn davon, dass dieser Schrott hier Kunst ist."

„Wenn ich Ihnen diesen Brief anvertraue und Sie mein Vertrauen missbrauchen, bezahle ich ein paar Freunde dafür, Ihnen das Herz herauszureißen."

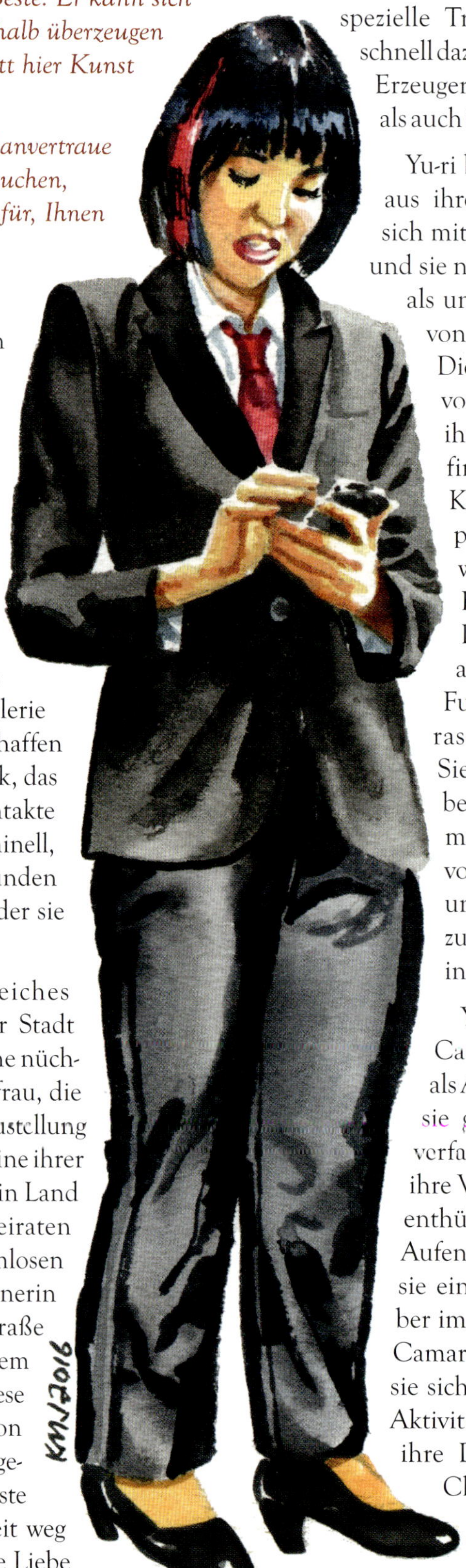

Hintergrund: Wenn ein Vampir ein Ausstellungsstück für das Elysium haben möchte, ist Go Yu-ri immer das erste Kainskind, das man ansprechen sollte. Sie ist bekannt für ihre große Bandbreite an Kontakten in der Künstlerwelt und sie kann eine Party ebenso mühelos mit einem maßgeschneiderten Werk ausstatten wie sie einen Klassiker aus einer Galerie vom anderen Ende der Welt beschaffen kann – oder zumindest ein Werk, das ihm sehr ähnlich sieht. Ihre Kontakte reichen von seriös bis höchst kriminell, aber nur wenige ihrer Stammkunden legen Wert auf die Quelle, aus der sie die Kunst beschafft.

Yu-ri gehörte ein erfolgreiches Auktionshaus für Kunst in der Stadt Incheon in Südkorea. Sie war eine nüchterne und reservierte Geschäftsfrau, die nichts für die öffentliche Zurschaustellung von Zärtlichkeit übrighatte, bis eine ihrer Freundinnen ihr vorschlug, in ein Land auszuwandern, in dem sie heiraten könnten. Yu-ri nahm den formlosen Antrag an und küsste ihre Partnerin mitten auf einer belebten Straße – eine Handlung, die von einem Vampir beobachtet wurde, den diese unkultivierte Zurschaustellung von Intimität bewegte. Der Vampir gewährte Yu-ri den Kuss und schleuste sie in eine andere Domäne, weit weg von ihrer Verlobten. Eine solche Liebe ließ sich zwischen Vampiren nicht nachahmen, und so wurde Yu-ri von ihrem Erzeuger rasch aufgegeben, der die Ventrue-Tradition der Agoge ablehnte. Ihre spezielle Trinkgewohnheit entwickelte sich schnell dazu, dass ihre Beute ihrem launischen Erzeuger ähneln musste, sowohl körperlich als auch im Hinblick auf die Persönlichkeit.

Yu-ri bedient sich der Geschäftspartner aus ihrer früheren Unternehmung, um sich mit ihrer Hilfe eine neue aufzubauen und sie nutzt das Auktionshaus in Incheon als unauffälligen Ort für die Übergabe von Waren und Geld. Sie bietet ihre Dienste als Hehler für die Beschaffung von „Kunstgegenständen" an und ihre Kenntnisse in diesem Bereich finden Anklang bei all den geistlosen Kainskinder, die sich eine farbenprächtig geschmückte Zuflucht wünschen. Durch kainitische Beziehungen hat sie sich mit Dieben, Verkäufern und Schiebern auf der ganzen Welt auf guten Fuß gestellt. Yu-ri entwickelt sich rasch zu einem reichen Vampir. Sie kann Originale und Klassiker beschaffen, überzeugt Käufer aber mühelos davon, dass die Arbeiten von Amateuren Meisterwerke sind und bringt ihre Kunden dazu, viel zu viel für das hinzublättern, was sie in die Stadt bringt.

Yu-ri bewegt sich innerhalb der Camarilla, bezeichnet sich aber selbst als Anarchin aufgrund des Grolls, den sie gegenüber ihrem Clan hegt. Sie verfasst handgeschriebene Briefe an ihre Verlobte, von der sie getrennt lebt, enthüllt ihr darin aber niemals ihren Aufenthaltsort oder die Tatsache, dass sie ein Kainskind ist. Sie ist sich darüber im Klaren, dass die kompromisslose Camarilla derartige Verstöße bestraft. Da sie sich selbst außerhalb der politischen Aktivitäten der Ventrue sieht, bietet sie ihre Dienstleistungen lieber anderen Clans an. Wenn sie Blaublütige mit Kunstwerken versorgt, stellt sie sicher, dass diese fehlerhaft sind und dass ihre Clankameraden einen überhöhten Preis dafür bezahlen. Über solche Dinge lacht sie mit echten Machthabern, zu denen auch Anarchen gehören, weil die Ventrue sich unwissentlich vor ihresgleichen blamieren.

Aufgrund ihrer erfolgreichen Schmugglertätigkeiten ist man an Yu-ri herangetreten im Zusammenhang mit dem Schmuggeln von Sethskindern über die Grenzen. Ein paar Menschenhändler tauchen in ihrer Rotationskartei auf, aber sie muss noch den entscheidenden Sprung in den Transport lebender Körper gegen Bezahlung wagen.

Beschreibung: Go Yu-ri ist elegant und steif und gibt in einem ihrer zahlreichen dreiteiligen Nadelstreifenanzüge oder karierten Geschäftsanzüge ein seriöses Bild ab. Keinen dieser Anzüge trägt sie zufällig, sondern immer im Hinblick auf einen bestimmten Umgang. Yu-ri ergänzt ihre strenge Geschäftskleidung durch ihr schulterlanges schwarzes Haar, in dem immer eine farbige Strähne genau zu der Krawatte passt, die sie für die Nacht ausgewählt hat.

Rollenspielerische Hinweise: Wenn Yu-ri mit potentiellen Kunden zu tun hat, strahlt sie Selbstvertrauen aus. Alles dreht sich um den Verkauf und darum, ihr Geschäft noch stärker zu machen. Sie fühlt sich wohl in der Rolle der Bedürftigen, der Vertrauten und der Tyrannin, je nach Klientel und abhängig davon, welche Rolle Vertrauen erweckt. In der Gegenwart von Anarchen legt sie eine umstürzlerische Haltung an den Tag und konzentriert sich darauf, diejenigen schlecht zu machen, die sie betrogen hat.

In den seltenen Augenblicken, in denen sie keine Rolle spielt, wird Yu-ris Persönlichkeit kühl und unpersönlich. Sie muss sich immer noch mit ihrem neuen Dasein als Kainskind arrangieren und hat sich noch nicht in die Machtspielchen der Camarilla eingefunden. Sie empfindet sich eher als lustlos und schmachtet noch immer den Gelegenheiten nach, die sie zu ihren Lebzeiten verpasst hat, insbesondere ihre Geliebte in der Heimat.

Diejenigen, denen es gelingt, ihre Kälte mit Einfühlungsvermögen zu durchdringen, begegnen einem überraschenden Maß an reiner Emotion, weil Yu-ri ihre Ängste verbirgt. Diese Seite von Yu-ri zeigt sich, wenn sie sich in einer Situation befindet, in der sie mit anderen spricht, die tatsächlich etwas von Kunst verstehen oder sich mit Südkorea auskennen.

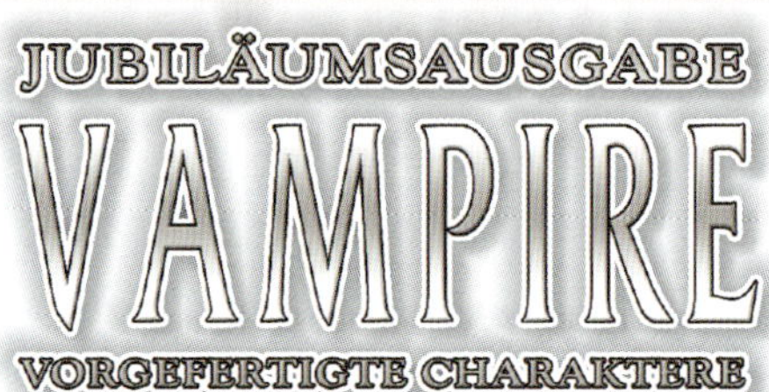

Name: Go Yu-Ri
Spieler:
Chronik:

Wesen: Chamäleon
Verhalten: Kapitalist
Konzept: Betrügerischer Kunsthändler

Clan/Blutlinie: Ventrue
Generation: 13.
Sekte: Camarilla

Attribute

Körperlich		Gesellschaftlich		Geistig	
Körperkraft	●●○○○	Charisma (Gauner)	●●●●○	Wahrnehmung	●●○○○
Geschick	●●○○○	Manipulation (überzeugend)	●●●●○	Intelligenz	●●●○○
Widerstandsfähigkeit	●●○○○	Erscheinungsbild	●●○○○	Geistesschärfe	●●●○○

Fähigkeiten

Talente		Fertigkeiten		Kenntnisse	
Aufmerksamkeit	●○○○○	Diebstahl	○○○○○	Akademisches Wissen (Kunst der Romantik)	●●●○○
Ausdruck	●●○○○	Etikette	●●○○○	Computer	○○○○○
Ausflüchte (unfehlbare Lügen)	●●●●○	Fahren	○○○○○	Finanzen	●●●○○
Einschüchtern	●●○○○	Handwerk (Malen)	●○○○○	Gesetzeskenntnis	●○○○○
Empathie	●●●○○	Heimlichkeit	○○○○○	Medizin	○○○○○
Führungsqualitäten	●●○○○	Nahkampf	○○○○○	Nachforschungen	●○○○○
Handgemenge	○○○○○	Schusswaffen	○○○○○	Naturwissenschaften	○○○○○
Magiegespür	○○○○○	Tierkunde	○○○○○	Okkultismus	○○○○○
Sportlichkeit	○○○○○	Überleben	○○○○○	Politik	●○○○○
Szenekenntnis	●●○○○	Vortrag	●●●○○	Technologie	○○○○○
	○○○○○		○○○○○		○○○○○

Vorteile

Disziplinen		Hintergründe		Tugenden	
Beherrschung	●○○○○	Kontakte	●●●○○	Gewissen/~~Überzeugung~~	●●●●○
Präsenz	●●○○○	Ressourcen	●●●●○	Selbstbeherrschung/~~Instinkt~~	●●●○○
	○○○○○	Status	●●○○○	Mut	●●●○○
	○○○○○		○○○○○		
	○○○○○		○○○○○		
	○○○○○		○○○○○		

Vorzüge & Schwächen

Vorzüge	Kosten
Stammgast im Elysium	1
Sprachen	1

Schwäche	Kosten
Ungewöhnliche Vitae bevorzugt	2
(Wissen der Clans S. 262)	

Menschlichkeit/~~Pfad~~

●●●●●●●○○○

Haltung: Normalität (+0)

Willenskraft

●●●●●○○○○○

☐☐☐☐☐☐☐☐☐☐

Blutvorrat

☐☐☐☐☐☐☐☐☐☐
☐☐☐☐☐☐☐☐☐☐

Blut pro Runde:

Gesundheit

Blaue Flecken		☐
Verletzt	-1	☐
Schwer verletzt	-1	☐
Verwundet	-2	☐
Schwer Verwundet	-2	☐
Verkrüppelt	-5	☐
Außer Gefecht		☐

Notizen

Attribute: 7/5/3 • Fähigkeiten: 13/9/5 • Disziplinen: 3 • Hintergründe: 5 • Tugenden: 7 • Freie Zusatzpunkte: 15 (7/5/2/1)

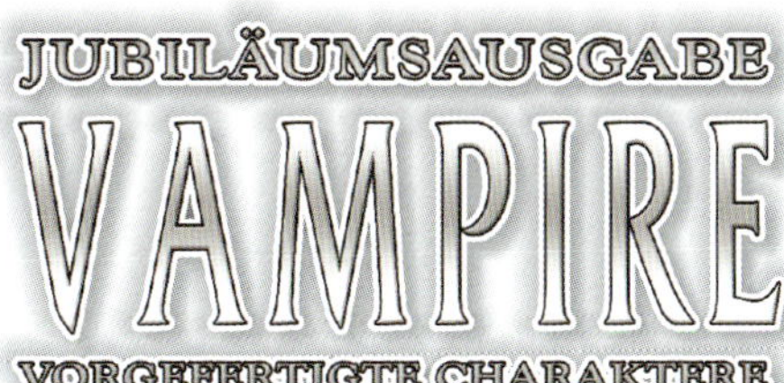

Name: Go Yu-Ri
Spieler:
Chronik:

Wesen: Rebell
Verhalten: Kapitalist
Konzept: betrügerischer Kunsthändler

Clan/Blutlinie: Ventrue
Generation: 13.
Sekte: Anarchen

Attribute

Körperlich		Gesellschaftlich		Geistig	
Körperkraft	●●○○○	Charisma (Gauner)	●●●●○	Wahrnehmung	●●○○○
Geschick	●●○○○	Manipulation (überzeugend)	●●●●○	Intelligenz (Sachverständige)	●●●●○
Widerstandsfähigkeit	●●●○○	Erscheinungsbild	●●○○○	Geistesschärfe	●●●○○

Fähigkeiten

Talente		Fertigkeiten		Kenntnisse	
Aufmerksamkeit	●●○○○	Diebstahl	○○○○○	Akademisches Wissen (Kunst der Romantik)	●●●●○
Ausdruck	●●●○○	Etikette	●●○○○	Computer	●○○○○
Ausflüchte (unfehlbare Lügen)	●●●●○	Fahren	○○○○○	Finanzen	●●●○○
Einschüchtern	●●●○○	Handwerk (Malen)	●●○○○	Gesetzeskenntnis	●●○○○
Empathie	●●●○○	Heimlichkeit	○○○○○	Medizin	○○○○○
Führungsqualitäten	●●○○○	Nahkampf	○○○○○	Nachforschungen	●○○○○
Handgemenge	○○○○○	Schusswaffen	●○○○○	Naturwissenschaften	○○○○○
Magiegespür	○○○○○	Tierkunde	○○○○○	Okkultismus	○○○○○
Sportlichkeit	●○○○○	Überleben	○○○○○	Politik	●○○○○
Szenekenntnis	●●○○○	Vortrag	●●●○○	Technologie	○○○○○
	○○○○○		○○○○○		○○○○○

Vorteile

Disziplinen		Hintergründe		Tugenden	
Beherrschnung	●●○○○	Kontakte	●●●○○	Gewissen/~~Überzeugung~~	●●●●○
Präsenz	●●●○○	Ressourcen	●●●●○	Selbstbeherrschung/~~Instinkt~~	●●●○○
Seelenstärke	●○○○○	Status	●●○○○	Mut	●●●○○
	○○○○○		○○○○○		
	○○○○○		○○○○○		
	○○○○○		○○○○○		

Vorzüge & Schwächen

Vorzüge	Kosten
Stammgast im Elysium	1
Sprachen	1

Schwäche	Kosten
Ungewöhnliche Vitae bevorzugt (Wissen der Clans S. 262)	2

Menschlichkeit/~~Pfad~~

●●●●●●●○○○

Haltung: Normalität (+0)

Willenskraft

●●●●●○○○○○

☐☐☐☐☐☐☐☐☐☐

Blutvorrat

☐☐☐☐☐☐☐☐☐☐
☐☐☐☐☐☐☐☐☐☐

Blut pro Runde:

Gesundheit

Blaue Flecken		☐
Verletzt	-1	☐
Schwer verletzt	-1	☐
Verwundet	-2	☐
Schwer Verwundet	-2	☐
Verkrüppelt	-5	☐
Außer Gefecht		☐

Notizen

Kombinierte Disziplin: Rächender Schrecken (Wissen der Clans S. 263)

Attribute: 7/5/3 • Fähigkeiten: 13/9/5 • Disziplinen: 3 • Hintergründe: 5 • Tugenden: 7 • Freie Zusatzpunkte: 15 (7/5/2/1)

Klüngel

Im Folgenden finden Sie eine Auswahl möglicher Klüngel, die die Charaktere, die in **V20 Vorgefertigte Charaktere** präsentiert werden, in verschiedenen Umsetzungen verwenden. Sie haben die Wahl und können sich jeweils für den Klüngel entscheiden, der für Ihre Chronik am sinnvollsten ist, oder sie als Inspiration nutzen, um Ihre eigenen zu erschaffen.

Turmkletterer

Mitglieder: Levi "Macca" MacDonald, Big Keith, Rusty Shafiqah, Angel Dietrich, Mascha Blumenfeld.

Neugeborene der Camarilla schließen sich häufig zusammen, um den Manipulationen durch die Ahnen mehr entgegensetzen zu können, auch wenn sie sonst wenig gemeinsam haben. Dieser Klüngel ist nicht einfach nur eine reaktionäre, defensive Gruppierung. Die Mitglieder vertrauen einander und versuchen, sich gegenseitig dabei zu unterstützen, auf der kainitischen Statusleiter nach oben zu klettern. Ihre größte Hürde besteht in der der Camarilla eigenen Dynamik im Hinblick auf Verrat und waghalsige Politik. Jedes einzelne Mitglied könnte schneller aufsteigen, wenn man bereit wäre, den Anderen an die Ahnen des Clans oder an den Prinzen zu verraten. Sie wissen eine Menge übereinander, aber solange das Vertrauensverhältnis Bestand hat, ist ihr Klüngel eine geschlossene Einheit.

Shafiqah ist augenscheinlich die Anführerin des Klüngels, weil ihr politisches Streben am klarsten ist, und ihre Kenntnisse darüber, wie die Camarilla funktioniert, leisten der Gruppe äußerst gute Dienste. Unterstützt und beraten wird sie von Mascha, die selbst keinen Wunsch nach einer politischen Stellung hegt, aber nur zu gern einen fairen Prinzen sehen möchte, der ohne Tyrannei agiert. Mascha hätte nichts dagegen, alle anderen Mitglieder des Klüngels in mächtigen Positionen zu sehen, damit sie sich ruhig zurücklehnen kann in dem Wissen, dass sie Freunde an hoher Stelle hat. Außerdem unterhält sie eine intime Beziehung mit Macca, wobei die beiden sich zieren, dies vor dem Rest der Gruppe bekannt zu machen. Shafiqah hegt den Verdacht, dass die Toreador und der Assamit eine Beziehung haben und sie glaubt, dass sie tragisch enden wird, aber sie ist auch der Ansicht, dass es die Gruppe stärkt, in Kontakt mit menschlichen Gefühlen wie Zuneigung zu bleiben.

Angel ist innerhalb der Gruppe die Meisterin für okkulte Angelegenheiten und sie schätzt den Rückhalt von Kainskindern, die ihren Intellekt anerkennen und sie ohne Urteil akzeptieren. Sie hofft, dass sie innerhalb der Pyramide an Bedeutung gewinnen und sich aus dem Kontrollbereich ihres Erzeugers hinausbewegen kann, indem sie im Dienste der Camarilla Heldentaten vollbringt. Ihre Diskussionen mit Big Keith über spirituelle Angelegenheiten führen dazu, dass sie in dem Malkavianer einen Mentor sieht. Big Keith erkennt in Angel eine erschöpfte Seele und möchte in der mürrischen Tremere das Staunen wiedererwecken. Seine Absicht ist es, sich zu einem einzigartigen festen Bestandteil im Elysium zu machen und dafür zu sorgen, dass sein Clan eher als Wegbereiter anerkannt wird und nicht nur als missverstandene Geisteskranke. Er sieht in seiner Beziehung zu Angel eine Möglichkeit, dies zu erreichen, da ihr Potenzial grenzenlos ist und ihre Blutmagie könnte ihm bei seinen Experimenten mit Drogen und Vitae helfen.

Macca wird von der Camarilla häufig beschäftigt und erfährt regelmäßig Unterstützung durch seinen Klüngel. Er hat eine aufrichtige Zuneigung zu der Gruppe entwickelt, insbesondere zu Mascha. Er würde es Angel niemals sagen, aber sie erinnert ihn sehr stark an seine eigenen Kinder, von denen er getrennt ist. Macca glaubt, dass Big Keith ein Pionier auf dem Weg nach Golconda ist und schützt deshalb Keiths Interessen, wenn nötig auch mit Waffengewalt.

Revolutionäres Geflüster

Mitglieder: Mama Polari, Ezequiel Coyotl, Big Keith, Angel Dietrich, Go Yu-ri

Die Anarchenbewegung versammelt die Verzweifelten und die Stolzen unter ihrem Banner. Sie wollen das Establishment der Kainskinder niederreißen und wieder aufbauen. So wie eine Widerstandsbewegung in einem Kriegsgebiet versammelt sich dieser Klüngel, um die Institution vorsichtig zu unterlaufen. Manche glauben, dass sie einen besseren Weg kennen. Andere hassen es ganz einfach, dass man ihnen vorschreibt, wie sie ihre Unsterblichkeit gestalten sollen. Dieser Klüngel möchte die träge gewordenen Machthaber unter den Vampiren ins Wanken bringen.

Mama und Yu-ri kümmern sich im Elysium gemeinsam darum, Möglichkeiten aufzutun, um die verkalkten älteren Kainskinder auf eine Art und Weise zu erniedrigen, die nur Anarchen und Neugeborene verstehen. Mama singt sarkastische Lieder und trägt anstößige Anekdoten vor, in denen geschickt umbenannte verstaubte Vampire vorkommen, während Yu-ri dieselben Kainskinder davon überzeugt, ihr Geld für gefälschte Antiquitäten lockerzumachen – dabei bestärkt sie sie in ihrem „Sachverstand" und bereitet gleichzeitig zukünftige Peinlichkeiten für diese Vampire

Turmkletterer

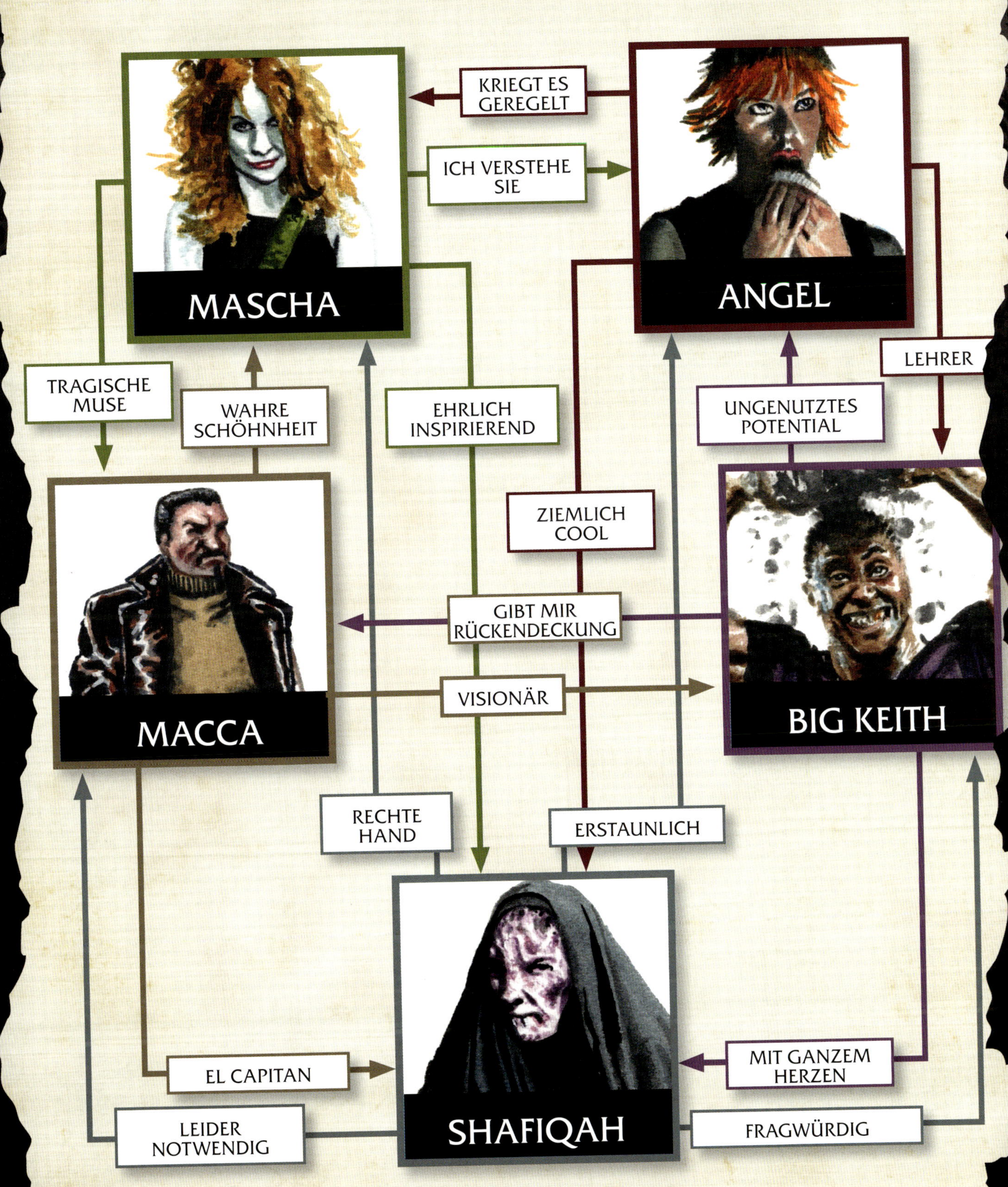

Revolutionäres Geflüster

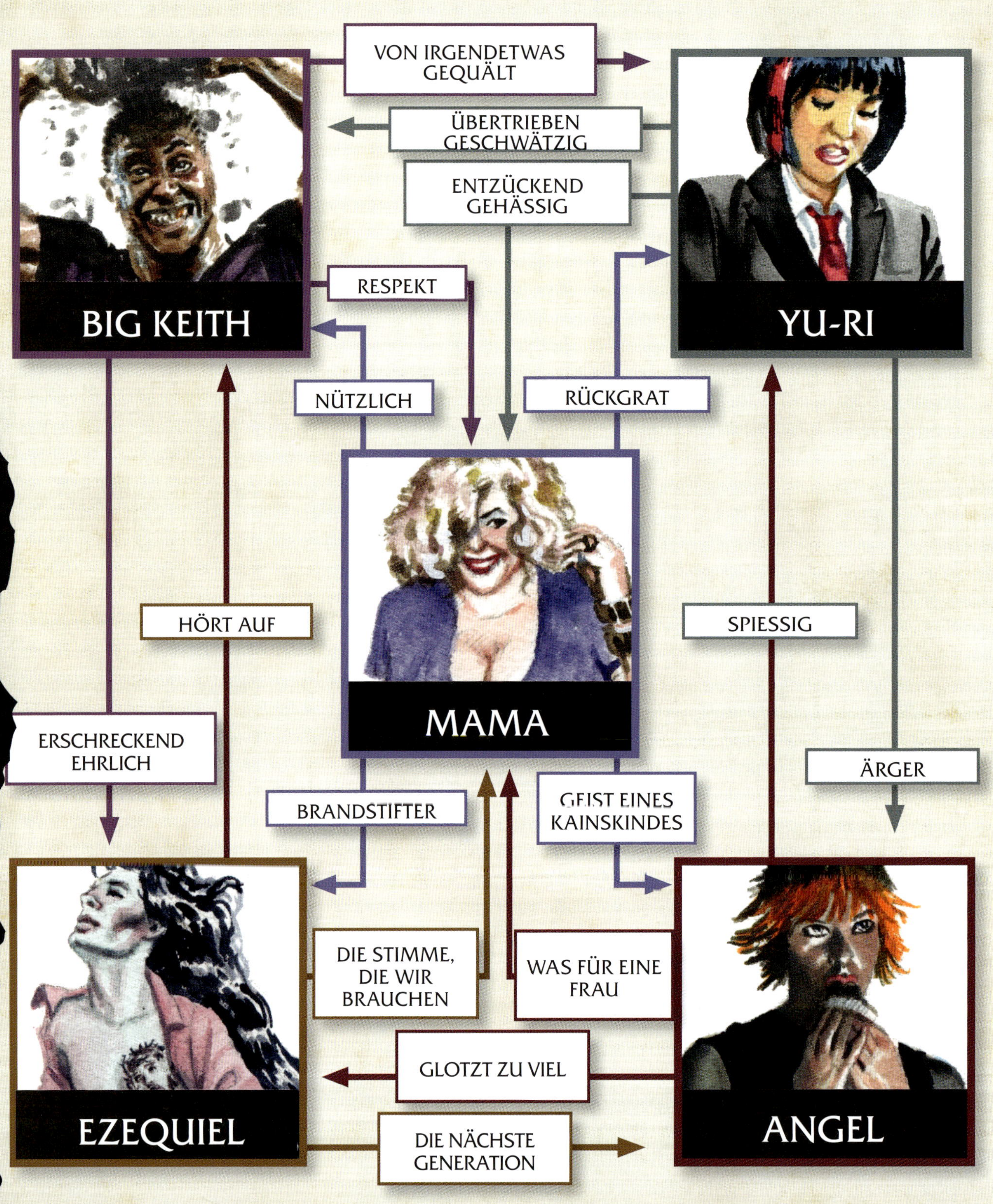

vor. Diese sozialen Angriffe nagen am Ansehen und die zwei haben ihren Spaß dabei, sie zu inszenieren.

Mama und Angel teilen ihre nonkonformistische Einstellung im Hinblick auf das soziale Geschlecht und Sexualität und erfahren in der Gesellschaft der jeweils anderen eine Akzeptanz, die für Kainskinder eher untypisch ist. Angel hegt großen Respekt für Mama. Mama wiederum erkennt viel von sich selbst in Angel. Das Gefühl des Abscheus, das beide gegenüber ihrem Erzeuger empfinden, verbindet sie. Mama tut ihr Bestes, um Angel aus den Klauen ihres Erzeugers zu befreien und Ezequiels Gerede über Blutmagier außerhalb der Tremere ist reizvoll für die junge Hexenmeisterin. Ezequiel wiederum glaubt, dass Angel möglicherweise eine der Neugeborenen sein könnte, von denen sein Erzeuger behauptet, dass sie einmal die Erde erben werden, und er beobachtet sie aufmerksam.

Ezequiel findet nur wenig Freude daran, die großen Sekten von den Gefahren zu überzeugen, die sich aus der Erde erheben, aber unter den Anarchen findet er ein erfreulich aufmerksames Publikum. Seine Worte von schrecklichen Monstern, die darauf warten, ihre Kinder zu verschlingen, finden Widerhall bei Yu-ri, Angel und Mama. Sie nutzen die Worte des Tlacique, um die Vorherrschaft der Camarilla noch weiter abzuschleifen, wobei sie vorsichtig darum bemüht sind, dass Ezequiels Missionierungen niemals das Niveau des Sabbat erreichen.

Big Keith ist fasziniert von Ezequiels Gerede über uralte Abstammung und von dem Umgang seiner Linie mit Halluzinogenen, um Visionen herbeizuführen. Mama bietet Big Keith an, seine Drogen während ihrer Shows zu verteilen und im Gegenzug lässt er ihr geheime Botschaften über seine Kontakte auf der Straße zukommen. Big Keith zieht die Freiheit, die sich in den Anarchen-Freistaaten bietet, dem eisernen Griff der Camarilla vor, aber er ist noch nicht bereit, sich zu verpflichten. Seine Freundschaft mit einem Sabbat-Vampir kann den Anarchen nützlich sein, und er beabsichtigt, diese Gefälligkeit einzulösen, wenn die Bewegung sie braucht.

Philosophische Kreuzritter

Mitglieder: Mu'tazz Bechara, "Mad Dog" Diarmid Dunsirn, Alfie Rossellini, Tilottama, D. Z. Schillinger

Der Sabbat verfügt über eine vielfältige und chaotische Mitgliedergemeinschaft. Viele Kainiten sind reuelose Monster. Andere sind zurückhaltend, was den Niedergang ihrer Menschlichkeit angeht und entscheiden sich dafür, sich auf das Studium des kainitischen Zustandes zu konzentrieren oder neue philosophische Wege zu beschreiten. Die Vaulderie stärkt diese grundverschiedenen Vampire in Zeiten schwerer Prüfungen und ermöglicht es ihnen, an einem Strang zu ziehen. Mit dem Band des Blutes, der Loyalität gegenüber dem Sabbat und dem Wissen um seine Rechtschaffenheit ist sich dieses Rudel einig, gemeinsam agieren zu wollen, um spirituelle Bedeutung zu finden und Einfluss auf das Schwert Kains zu nehmen.

Den Kreuzrittern fehlt es an einer festgelegten Führung. Der feste Kern aus Mu'tazz, Alfie und D. Z. trifft die meisten Entscheidung als Gremium und tauscht sich mit Söldnern aus anderen Linien aus, um Führung in philosophischen, politischen und taktischen Fragen zu erhalten. In dem Gremium aus den Dreien gibt es wenig Gerangel um Positionen, weil Alfie Mu'tazzs Stärke respektiert, Mu'tazz eine Menge Zeit hat, um sich D. Z.s Erkenntnisse anzuhören und D. Z. sich in Situationen sozialer Interaktion auf Alfie verlässt. Alfie übernimmt nominell die Rolle des Priscus bei Sabbat-Zeremonien, während die Rolle des Priesters üblicherweise D. Z. zufällt, wobei Mu'tazzs kürzlich erfolgter Übertritt zum Pfad des Ehrenwerten Einklangs dies zukünftig ändern könnte.

Alfie bringt Diarmid als Kontakt und Freund vom Clan der Giovanni mit. Diarmid denkt, dass Alfie ein altkluger kleiner Scheißer ist, aber der Lasombra zahlt immer gut und lässt ihm nützliche Informationen über die Sekte im Austausch gegen seine Dienstleistungen zukommen. Diarmid tauscht häufig brutale Geschichten mit Mu'tazz aus. Der Land-Gangrel hat Bedenken, was Diarmids Sadismus angeht und Alfie muss Mu'tazz häufig davon abbringen, sich dazu zu entschließen, die Kehle des alten Bastards in Stücke zu reißen.

Tilottama ist die Lehrerin des Rudels. Sie bietet Urteilsvermögen und philosophische Führung, auch wenn sie an der Notwendigkeit verzweifelt, dass der Sabbat offensichtlich jedes Problem mit Feuer und Tod lösen muss. Sie glaubt, dass die Mitglieder des Rudels auf perfekte Art und Weise den Weg beschreiben, den jeder Vampir zurücklegen muss und sie verurteilt Diarmids zynische Ansicht, dass der Tod das Ende jeglichen Wachstums mit sich bringt. Sie drängt Mu'tazz zum Pfad des Ehrenwerten Einklangs und sähe es gerne, dass D. Z. mehr aus sich macht als nur eine Kreatur des Hungers. Es ist ihr Ziel, jedes Mitglied des Rudels spirituell dahin zu geleiten, seinen idealen Pfad zu erkennen. Unabsichtlich wird sie nach und nach sowohl zum Priscus als auch zum Priester und ist davon überzeugt, dass sie am besten führen kann, wenn sie sich dem Sabbat anschließt.

Philosophische Kreuzritter

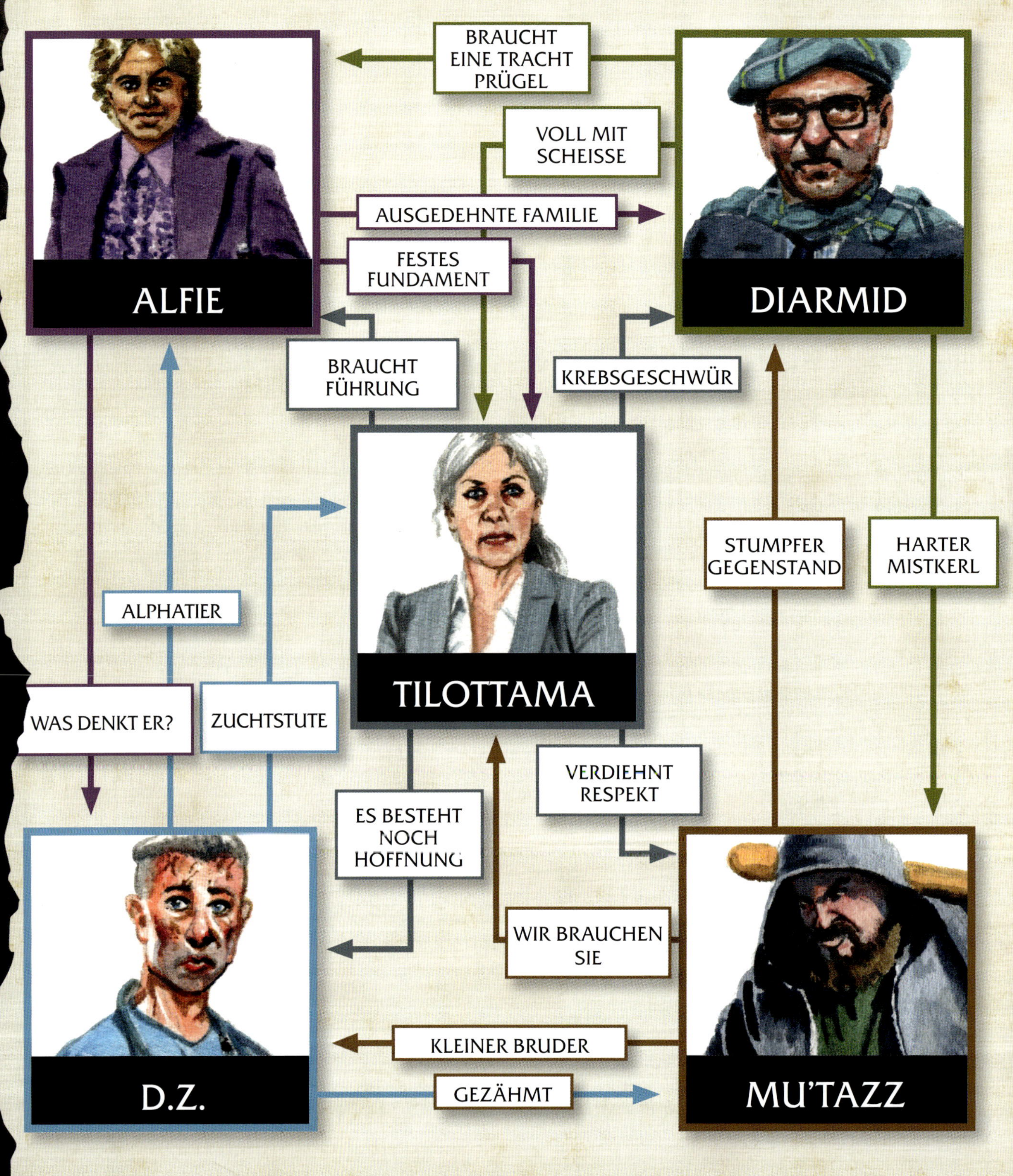

Kanonen der Freiheit

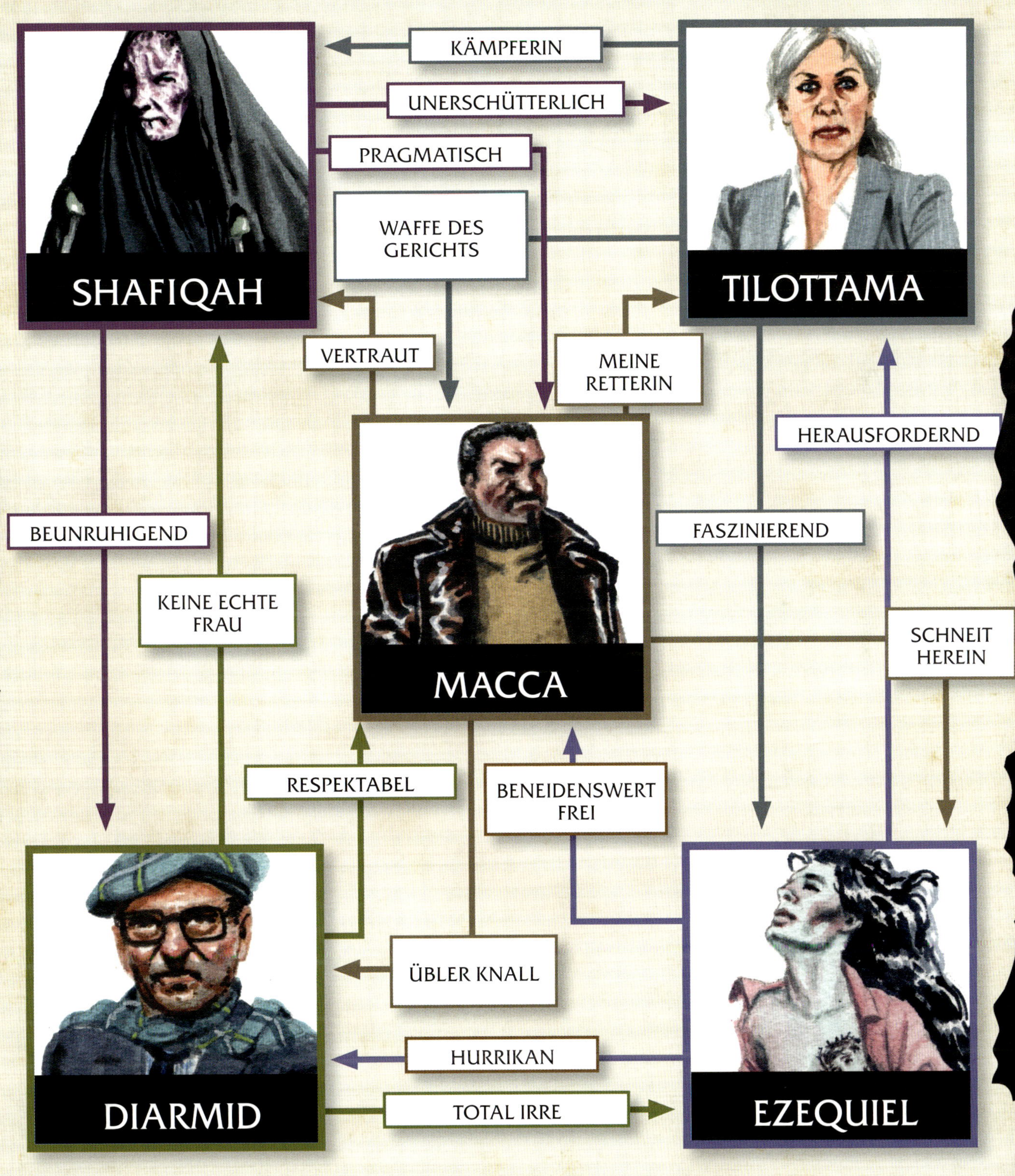

Kanonen der Freiheit

Mitglieder: Levi "Macca" MacDonald, Ezequiel Coyotl, "Mad Dog" Diarmid Dunsirn, Rusty Shafiqah, Tilottama

Die Kanonen der Freiheit sind Vampirsöldner, die sich selbst für den höchsten Bieter verdingen. Sie sind ein Stab aus internationalen und unabhängigen Kopfgeldjägern und Attentätern, deren Ansehen stetig wächst. Der Klüngel bietet seine Dienste an, wenn es darum geht, fehlgeleitete Kinder zu ihren Erzeugern zurückzubringen, Schläge gegen Personen durchzuführen, die im Verdacht stehen, Infernalisten zu sein, das Recht in Städten durchzusetzen, in denen keine einzelne Sekte die Vorherrschaft hat und verschollene Teile der Geschichte und des Wissens von Vampirlegenden aufzuspüren. Ihre Erfolgsrate ist zwar hoch, aber die Zahl ihrer Feinde wächst auch stetig.

Tilottama und Macca sind die Gründungsmitglieder der Gruppe. Die beiden haben ihre Unabhängigkeit vom Dschihad und die Frage, bei welcher Interessengruppe ihre Loyalitäten liegen, abgewägt, bevor sie entschieden haben, dass politische Zurückhaltung von Vorteil wäre. Die beiden kennen sich seit Jahren und das Vertrauen zwischen ihnen ist tief verwurzelt, seit Tilottama Macca davor bewahrte, von den Angehörigen ihres Clans gelyncht zu werden. Macca erschlug einen Ravnos, der darauf aus war, Relikte zu zerstören, die mit Golconda zu tun hatten. Der Mord verärgerte andere Täuscher, aber Tilottamas weises Urteil verschonte seine Existenz und führte dazu, dass er in ihrer Schuld stand. Die beiden fordern die Bezahlung von Klienten häufig in Form von Informationen ein, die auf Golconda hindeuten, aber auch auf andere esoterische Pfade.

Tilottama brachte Diarmid in den Klüngel, weil sie wusste, dass sein Hang zur Gewalt der Gruppe gute Dienste leisten würde. Die beiden empfinden keine Zuneigung füreinander, aber jeder erkennt die Fähigkeiten des anderen an und gemeinsam haben sie den Kodex der Kanonen festgelegt. Sie werden niemals eine Aufgabe annehmen, die den Sabbat oder die Camarilla als Organisation verärgert.

Die beiden wählen sorgfältig die Aufträge aus, die Individuen oder Untergruppen zum Ziel haben. Dadurch kommt es nur selten vor, dass die Kanonen einen Prinzen oder einen Erzbischof ermorden aufgrund ihrer bedeutenden Verbindungen zu den Sekten, es sei denn, sie finden Beweise dafür, dass der Vampir ein Infernalist war. Diarmid ist dafür bekannt, als Bezahlung für seine Dienste mit dunklen Materialien zu handeln, indem er die Reste aus Schlupfwinkeln einsammelt auf der Suche nach Wissen über Infernalisten oder Nekromantie.

Shafiqahs Beziehung zu Ezequiel ist merkwürdig. Die beiden haben sich bereits als Sterbliche kennengelernt, als Ezequiel noch einen anderen Namen trug als Coyotl und als Missionar in einem Gemeindezentrum predigte. Shafiqah erkennt Ezequiel wieder, wurde selbst allerdings nicht erkannt. Für die Kanonen fungiert sie als Kontaktperson zur Camarilla. Bekanntermaßen hat sie sich die Gruppe zunutze gemacht, um politische Gegner im Elfenbeinturm ins Visier zu nehmen und hat die Gruppe dazu gedrängt, sich voll und ganz gegen den Sabbat zu stellen. Die Kanonen sind zurückhaltend, was das angeht, weil es ihre Gewinnmarge einschränken würde, aber da Shafiqah eine Senkrechtstarterin ist, erkennt Macca, dass die Nosferatu ihnen eines Tages eine gute Position bei den Justicaren verschaffen könnte. Die größte Belohnung, die Shafiqah aus der Zusammenarbeit mit den Kanonen zieht, ist vor allem die Kameradschaft. Sie verbringt Zeit mit diesen unabhängigen Denkern, weil sie ihre unterschiedlichen Meinungen und Erkenntnisse schätzt.

Ezequiel bringt seinen Hunger nach Freiheit von den Ahnen ein, weshalb er Geschäfte mit Unabhängigen, Anarchen, Autarkis, Laibon und anderen kleineren Gruppierungen mit ähnlicher Gesinnung abschließt. Mit Stolz macht er die Dienstleistungen der Kanonen in jeder Domäne bekannt, denn er weiß, dass sein Überzeugungstalent ausreicht, um die Kunden hinter dem Ofen hervorzulocken. Da er über keinerlei Verbindungen zu einem Clan oder einer Sekte verfügt, fühlen sich die Kunden mit seiner exotischen Stellung wohler. Währenddessen bringt er etwas über diejenigen in Erfahrung, die ihn anheuern und die festgelegten Ziele und hält alles in seinem kleinen schwarzen Buch fest. Die Jünger des Set machen eindeutige Annäherungsversuche an die Kanonen, aber der Klüngel wartet auf Ezequiels Zustimmung, bevor man irgendeinen Vertrag mit den Schlangen unterzeichnet.

Erpressungsopfer

Mitglieder: Levi "Macca" MacDonald, Big Keith, Tilottama, D. Z. Schillinger, Go Yu-ri

Klüngel bestehen manchmal aus den seltsamsten Bettgenossen. Unter normalen Umständen würden sich diese Kainskinder ignorieren oder einander nach außen hin aus dem Weg gehen. In diesem Fall wurde jedes Mitglied des Klüngels das Opfer einer Erpressung und die Nötigung brachte die Vampire dazu, sich zusammenzuschließen.

Big Keith war der Erste, der die Telefonanrufe erhielt. Als er den Kuss empfing, führte seine Raserei

Erpressungsopfer

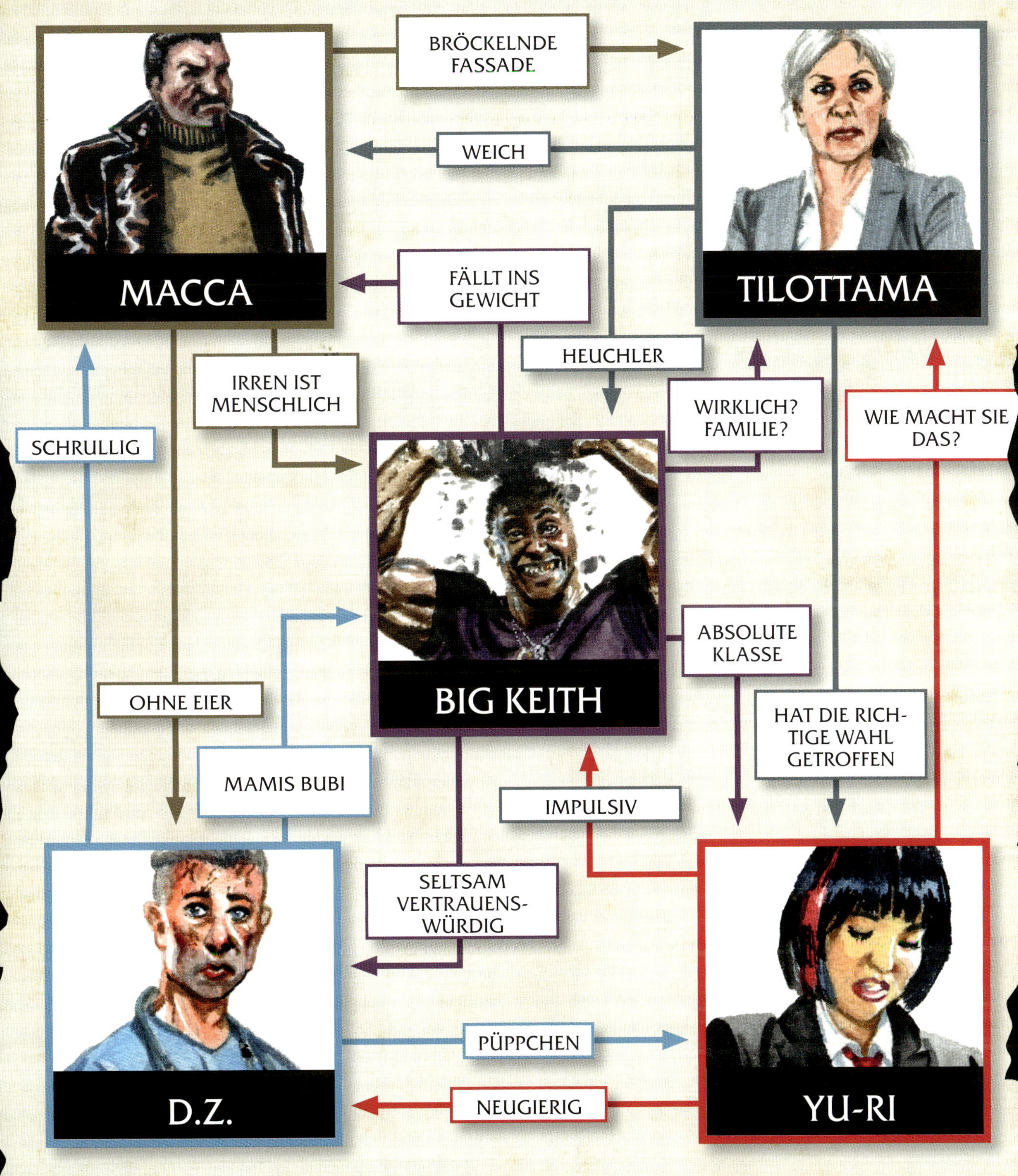

Abgrundclub

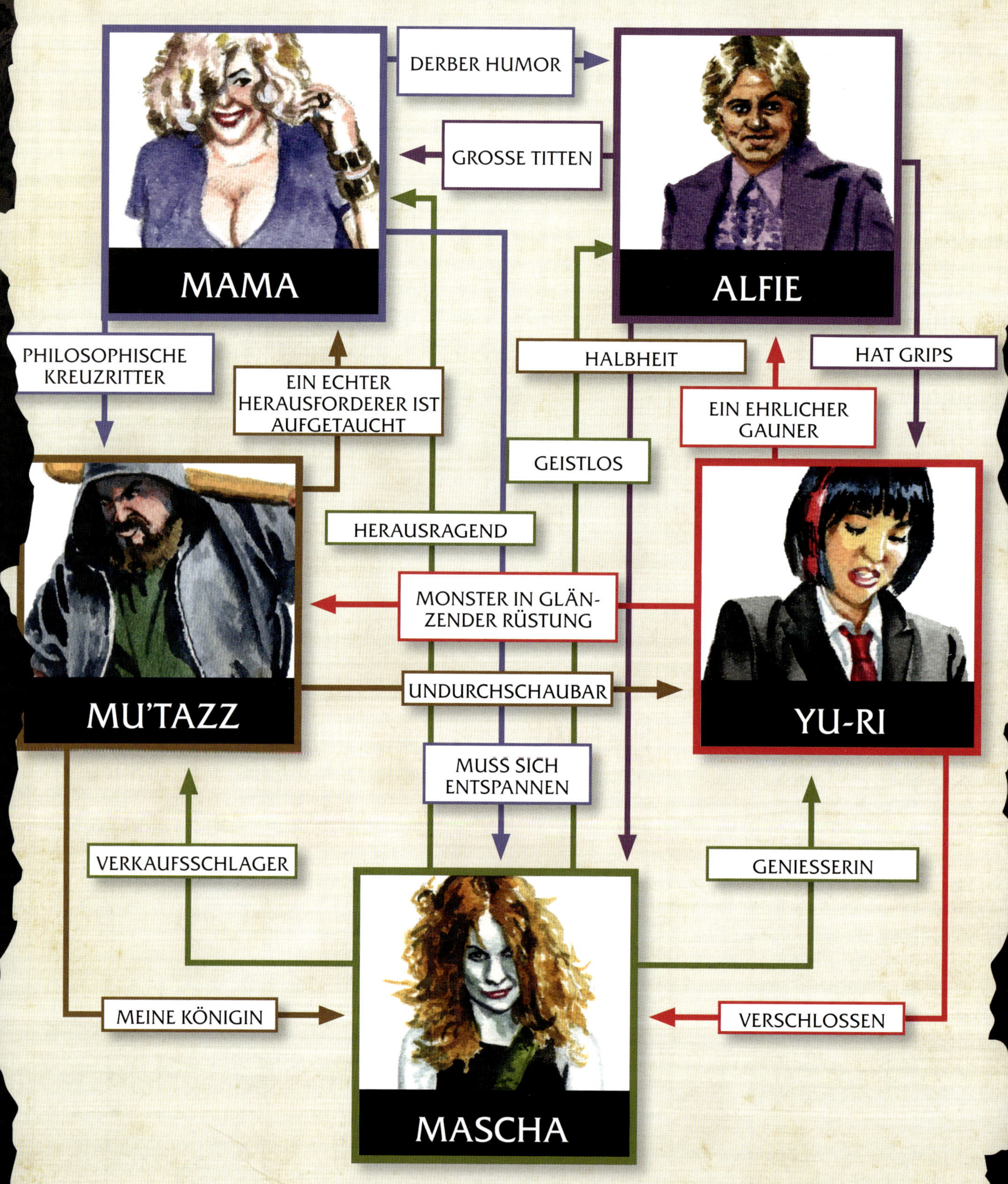

dazu, dass er eine Kollegin tötete. Die verstellte Stimme am anderen Ende der Leitung beschreibt diesen Mord bis ins kleinste Detail, wie die Leiche beseitigt wurde und dass all diese Informationen der Polizei preisgegeben werden, wenn Big Keith nicht tun sollte, was der Anrufer verlangt. Selbst wenn Big Keith die Stadt verlassen sollte, würde das Herz seiner betagten Mutter die Belastung nicht ertragen, wenn sie von dem Verbrechen ihres Sohnes erfahren sollte.

Die Geheimnisse von Tilottama, Macca und Yu-ri sind intimerer Natur. Fotos von ihren sterblichen Familien und anderer Personen, die ihnen nahestehen, werden regelmäßig in ihre Zufluchten geschickt, häufig mit primitiven Zielscheiben, die über ihre Köpfe gezeichnet sind und mit Androhungen von Gewalt, die in zackiger Schrift auf die Rückseite gekritzelt sind. Zunächst verlangt der Erpresser Geld, aber der Einsatz wird auf die Erbringung von gefährlicheren Dienstleistungen erhöht. Macca war schon früher im Visier von unmoralischen Gesellschaften und hält den Drohungen stand, aber Yu-ri versetzt die Vorstellung in Angst und Schrecken, dass man ihrer Verlobten Gewalt antun könnte. Tilottama leitet hastige Nachforschungen über die Identität des Erpressers in die Wege und ist davon überzeugt, dass eine ganze Gruppe dahintersteckt und nicht nur ein Einzeltäter.

D. Z. ist nicht der Typ, der sich von Drohungen beeindrucken lässt. Er betrachtet seine Stellung innerhalb des Sabbat als weitgehend bedeutungslos. Bei dem Tzimisce schlägt der Erpresser eine andere Tonart an und macht erschütternde Aufnahmen von Tieren, die Qualen leiden. Die Aufnahmen gipfeln immer im Stil eines Snuff-Filmes. In D. Z.s Fall droht der geheimnisvolle Erpresser damit, die Quälereien mit Hunderten hilfloser Tiere fortzusetzen, wenn er ihm nicht zu Willen ist. D. Z. verfügt nicht über das, was man normalerweise ein Gewissen nennt, aber der Gedanke an unschuldige Tiere, die gequält werden, bringt ihn zur Raserei.

Der Klüngel hätte sich niemals zusammengeschlossen oder gewusst, dass sie demselben geheimnisvollen Drahtzieher zum Opfer gefallen sind, wären da nicht Anweisungen gewesen, die ihre Zusammenarbeit bei einer Reihe von Aufträgen verlangten. Sie reichen von banal – Autodiebstahl, Drogen und Waffen – bis zu absolut makaber. Der Klüngel versucht zusammenzusetzen, wer es sein könnte, der ihre Fäden zieht, und wie man den Spieß umdrehen könnte. Sie alle kennen die Geheimnisse der anderen aus der Korrespondenz des Erpressers, was alle zur Verschwiegenheit zwingt.

Abgrundclub

Members: Mama Polari, Mu'tazz Bechara, Alfie Rossellini, Mascha Blumenfeld, Go Yu-ri

Das Elysium bringt jede Art von Vampiren zusammen. Neutrales Gebiet ist ein Luxus, insbesondere in Zeiten, in denen die Sekten miteinander im Krieg sind. Im Abgrundclub sind Vampire jeden Schlags willkommen. Es wäre ein wenig übertrieben zu sagen, dass alle Kainskinder eingeladen sind. Mascha ist die Inhaberin und sie kümmert sich nicht genug darum, wie der Club geführt wird, um formelle Einladungen auszusprechen. Vampire aus zweifelhaften Blutlinien, gefährlichen Sekten und mit seltsamen Überzeugungen schlagen einfach dort auf wegen des Rufs, den die Bude genießt. Die oberen Stockwerke des Clubs beherbergen eine umfangreiche Kunstgalerie. An der Hauptbar, auf den Tanzflächen und in den Lounges wird eine große Bandbreite an Musik, Poesie und Erzählkunst angeboten. Der besondere Anziehungspunkt befindet sich unter der Erde, wo im Kellergeschoss Käfigkämpfe zwischen Kainskindern, Ghulen und Sterblichen stattfinden.

Mascha hat den Club widerstrebend von ihrem Erzeuger geerbt. Sie hasst die Verantwortung und die Aufmerksamkeit, die der Abgrundclub mit sich bringt, aber sie schätzt seinen Zweck als entmilitarisierte Zone. Mama Polari war eine der Ersten, die auf sie zugekommen ist und sie nach einer Bühne gefragt hat, auf der sie regelmäßig vor ihrem Publikum auftreten kann. Mascha schätzt das rebellische Feuer in Mama und erlaubt der Brujah Vortrage, ohne Bedingungen daran zu knüpfen. Mama und Mascha treten gemeinsam vor ausverkauften Sälen auf, wobei Mascha glaubt, dass insgeheim jeder über ihre Versuche in Poesie lacht.

Mu'tazz ist der Champion im Käfigkampf und ist trotz seines Hangs zum Sabbat ein häufiger Besucher der augenscheinlichen Camarilla-Domäne. Er tötet niemals in den Räumlichkeiten und setzt auf seine Fähigkeit, Schmerzen und Schaden zu widerstehen, um alle zu besiegen, die sich ihm stellen. Mascha hat viel Geld durch Vampire verdient, die dafür bezahlen, den Gangrel in Aktion zu sehen und Alfie hat sogar noch mehr durch seine Tätigkeit als sein Manager verdient. Der Lasombra arrangiert regelmäßig kriminelle Machenschaften im Elysium und nutzt den Schauplatz für Gespräche zwischen seiner Sekte und den Giovanni.

Yu-ri ist zuständig für die künstlerische Gestaltung und die Ästhetik im Abgrundclub und macht dies zu einer ungewöhnlichen Aufgabe, bei der sie ihre Rolle als Kunsthändlerin und Kennerin ernst nimmt. Der Club ist berechtigterweise ein Ort für diejenigen, die ein Auge für Klasse und Stil haben, einer der wenigen

Orte, an denen sie ihr Haar offen trägt und mit anderen Experten ihres Fachgebietes spricht. Alfie hat sie auf das Vorhaben angesprochen, den Club zu nutzen, um Geld und gestohlene Kunstwerke zu waschen, aber sie möchte ungern etwas mit dem Hüter zu tun haben.

Während andere Vampire, die nicht zum Klüngel gehören, am Elysium teilnehmen, haben die fünf ständigen Mitglieder des Abgrundclubs eine gemeinsame Vereinbarung. Sie halten das Elysium aufrecht, ganz gleich, was es kostet, oder wie groß die Bedrohung ist. Der Abgrundclub erlaubt es Vampiren, sich aus dem Dschihad zurückzuziehen, abzuschalten und Aktivitäten nachzugehen, die nichts mit der Gewalt und Streitigkeiten zwischen den Sekten zu tun haben. Sollte irgendeine Gruppierung das Elysium bedrohen, ist jedes Mitglied des Klüngels bereit, es zu verteidigen.

Plotansätze

Der Empfang einer Stadt

Erst vor ein paar Jahren hat der Krieg die Stadt verlassen. Die politische Situation hat sich stabilisiert, aber jeder Vampir kann noch immer spüren, wie das Risiko erneuter Konflikte in den Schatten lauert. Der Prinz wurde erst kürzlich eingesetzt und nicht jeder Clan steht hinter dem neuen Gesicht des Anführers. Der Innere Zirkel schickt bedeutende Würdenträger aus – die Harpyien sprechen von Archonten – um Nachforschungen über die Stabilität des neuen Regimes anzustellen und die Stadt zur offiziellen Camarilla-Domäne zu erklären. Der Prinz hat die Würdenträger dazu eingeladen, an einer Galaveranstaltung im größten Hotel der Stadt teilzunehmen, eine Art Willkommensparty. Es ist kein Elysium, aber es ist die beste Adresse in der Domäne und Vampiren von ihrem Rang angemessen.

Die Gelegenheit zur Selbstdarstellung lässt Vampire vor Begeisterung über die Ankunft der Archonten und die Gefallen, die sie Vampiren gewähren könnten, die sie zu beeindrucken wissen, überschäumen Die Harpyien beabsichtigen, eine Darbietung von vollendeter Dekadenz auszurichten und wollen nur die besten Kainskinder der Stadt einladen, um die erwarteten Gäste zu unterhalten. Ein Gefühl des Prunks beginnt die typische Aura der Unruhe zu ersetzen, die in der sich erholenden Domäne vorherrscht, als sich Vampire aus allen Clans fragen, was es für sie bedeutet, sich an der Spitze einer neuen Bastion des Elfenbeinturmes zu befinden.

Während manche Vampire daran arbeiten, ihr Profil aufzupolieren, Kontrolle über den Veranstaltungsort der Gala auszuüben und sich gründlich mit der Identität der besuchenden Archonten zu beschäftigen, sind andere weniger begeistert von ihrer bevorstehenden Ankunft. Es heißt, dass es Vampire gibt – nicht zwangsläufig aus dem Sabbat – die diese Archonten tot sehen möchten. Der Mord an diesen Besuchern wäre ein Schlag für die Camarilla, aber sogar ein noch größerer für das Ansehen des Prinzen, seiner Stadt und ihres Status als sicheres Gebiet der Camarilla.

Für aufstrebende Vampire der Camarilla bieten die bevorstehenden Ereignisse eine Möglichkeit, sich hervorzutun und gesellschaftlich aufzusteigen. Einen Archonten zu beeindrucken, seine Sicherheit zu garantieren und eine Stadt als Camarilla-Domäne zu definieren, könnte in der Zukunft potentielle Gefälligkeiten mit sich bringen. Ob es besser wäre, das Attentat direkt anzugehen, indem man die vermeintlichen Mörder diskret ausfindig macht und sie ausschaltet oder sie unverhohlen und grandios in eine Falle zu locken, damit die ganze Stadt Zeuge wird, ist eine Frage, mit der sich ein solcher Klüngel beschäftigen sollte.

Für Sabbat-Vampire, und in geringerem Maße auch für solche mit einem Hang zu den Independents oder den Anarchen, würde es einen gewaltigen Schlag gegen den Stolz des Elfenbeinturmes bedeuten, wenn sie sich um die Archonten kümmern. Wenn sie es geschickt anstellen, könnte das eine Rebellion im großen Stile auslösen von Vampiren, die es leid sind, sich von der Herrschaft der Camarilla schlecht behandeln zu lassen. Vampire, die den Archonten, dem Prinzen und der Camarilla feindselig gegenüberstehen, könnten sogar in Erwägung ziehen, die Würdenträger vor der Nase der eigentlichen Attentäter zu entführen, um sie ihrer eigenen Sekte oder gesonderten interessierten Parteien auszuliefern.

Mediensperre

Brujah-Küken und Gangrel-Anarchen begehen die schlimmsten Verstöße gegen die Maskerade seit Jahren, indem sie Bildmaterial in Onlinespeicher hochladen, die anschließend von einer anonymen Gruppierung gehackt und veröffentlicht werden. Die Vampire setzen ihre Kräfte ein, trinken Blut von verzauberten Sethskindern und demonstrieren ihre Fähigkeit, gewaltigen Verletzungen durch Klingen und Kugeln zu widerstehen, wobei sämtliche Aufnahmen augenscheinlich dazu gedacht waren, neue Vampire anzuleiten, deren Erzeuger sie nicht führen können.

Die Videos verbreiten sich schnell. Ursprünglich halten Sterbliche sie für virales Marketing für einen anstehenden Film oder ein Videospiel, aber diejenigen, die sich das Bildmaterial ganz genau ansehen, haben Mühe damit, die Fugen zu finden. Manche der Teenager, die in den Videos leer getrunken werden, werden ausfindig gemacht und befragt und sie drücken Vergesslichkeit und unverhohlene Angst über den Inhalt aus, den sich jetzt jeder auf der ganzen Welt ansehen kann.

Alle Sekten wollen, dass der Inhalt vernichtet wird, aber die Entscheidungsträger all dieser Gruppierungen verstehen nicht, dass dies eine unmögliche Aufgabe ist. Sollte die Stadt in dem Bildmaterial identifiziert werden, machen Justicare und Kardinäle gleichermaßen deutlich, dass sie den Prinzen der Domäne persönlich verantwortlich machen, wenn nicht alles unternommen wird, um die Situation in den Griff zu bekommen. Sogar der Sabbat empfindet einen Bruch der Stille des Blutes in diesem Ausmaß als ärgerlich und versichert, dass die verantwortlichen Parteien sich einer empfindlichen Strafe unterziehen müssen.

Der Prinz ist auf der Suche nach einer Gruppe, die in der Lage ist, ein Problem dieser Größenordnung zu lösen. Erste Vorschläge drehen sich darum, die Anarchen zur Verantwortung zu ziehen, aber die sind abgetaucht und stehen unter dem Schutz von Kainskindern, die glauben, dass die Lehrvideos mit den besten Absichten gemacht wurden. Die Anarchen sehen mit Freude, dass der Prinz den Kopf hinhalten muss, aber auch er hat seine eigene Schar von Unterstützern. Schnell wird die Schuld den Hackern zugewiesen, wer auch immer sie sein mögen, und auf der Straße gehen Gerüchte um, nach denen sie Tremere sein sollen, die Zugang zu der sogenannten „Technomantie" haben.

Als sich die angespannte Situation zuspitzt, sieht eine wachsende Zahl von Kainskindern das Bildmaterial. Da es unmöglich ist, die Dateien aus dem Internet zu löschen, schlägt ein einfallsreicher Toreador vor, die Urheber ausfindig zu machen, um den „Film" aufzunehmen, von dem die Sterblichen annehmen, dass er den existierenden „Trailern" folgen wird. Der Vorschlag wird lautstark verrissen und der Toreador taucht ab. Manche vermuten, dass der Vampir sich über die allgemeine Meinung hinwegsetzen und den vollständigen Film machen wird, ob die Sekten es nun wollen oder nicht. Die Muse hat ihn geküsst. Als die Sterblichen, von denen in den Bildaufnahmen getrunken wird, aus St. Henriks Pflegeheim – in dem sie leben – zu verschwinden beginnen, zieht das Debakel immer mehr öffentliche Aufmerksamkeit auf sich.

Ungebetene Gäste

Ein unbekannter Vampir taucht eines Nachts im Elysium auf. Sein Verhalten ist nachdenklich und düster und er spricht ausschließlich mit den Malkavianern und Assamiten der Stadt, wobei er demonstrativ den Prinzen und all seine Aufforderungen, sich ihm vorzustellen, ignoriert. Als der Sheriff dazu ansetzt, ihn mit körperlicher Gewalt dazu zu nötigen, verschwindet er mitten im Elysium direkt aus dem Blickfeld aller Anwesenden und flieht ohne eine Spur zu hinterlassen.

Schon bald nach dem Auftauchen des geheimnisvollen Besuchers berichten die Clans, die er besucht, anderen davon, dass er mit ihnen über Angelegenheiten von spiritueller Bedeutung sprach. Worte wie „Golconda", „Transzendenz" und Gehenna fallen, aber entscheidend ist, dass der Besucher jedem Clan einen anderen Rat gegeben hat. Den Assamiten sagte er, sie seien in der Lage, Golconda zu erreichen, wenn sie zehn Nächte lang fasteten und nicht in Raserei verfielen. Den Malkavianern wurde mitgeteilt, dass Gehenna abgewendet werden könne, wenn sie die Seelen von Verrätern, Schlangen und den Toten trinken würden. Der Ratschlag für den einen Clan widerspricht den Worten, die der andere hörte, aber keine der beiden Blutlinien erhebt Einwände, weil sie den Worten diesen rätselhaften Propheten glauben.

Derartige Ratschläge würden eigentlich als die eines Schwindlers abgetan, aber die Worte dieses Besuchers hinterlassen sogar bei ungläubigen Vampiren ihre Spuren. Da ist etwas an der Ernsthaftigkeit und Verzweiflung, mit der er seine Worte übermittelte, und wie er ganz beiläufig Geheimnisse der anderen Clans an diejenigen weitergab, mit denen er sprach, zeugte von einer Weisheit, die nur ein Vampir besitzen konnte, der über Erfahrungen mit Golconda verfügte oder zumindest ein Vampir von hohem Alter und großer Macht war.

Vampire versuchen, den Besucher aus verschiedensten Gründen ausfindig zu machen. Manche begehren tiefere Einblicke in seine Weisheit, während andere ihn als falschen Propheten bestrafen möchten. Seine Empfehlungen an die Malkavianer und die Assamiten führen nach und nach eine Veränderung im Verhalten der Clans herbei und legen nahe, dass er über die Fähigkeit verfügt, den Verstand zu beeinflussen. Vampire spekulieren über die Absichten des Besuchers, wobei die einfachste Erklärung darin besteht, dass er den Prinzen vor den Kopf gestoßen hat, um ein wenig Chaos zu verursachen. Die positiven Ergebnisse, die daraus resultieren, dass die Assamiten versuchen, ihren Hunger zu kontrollieren, lassen manche anderes vermuten.

Um die Dinge noch verwirrender zu gestalten, stößt ein kainitischer Historiker zufällig auf eine Fotografie aus einem Elysium, das im späten 19. Jahrhundert abgehalten wurde, auf dem der geheimnisvolle Vampir bei einer Versammlung des Primogenrates dieser Zeit abgebildet ist. Nur einer dieser Primogene ist auch heute noch aktiv und er ist durch das erneute Auftreten dieses Vampirs zutiefst verunsichert.

Unterirdische Landgewinnung

In einer alten Stadt sind die Kanalisationen, die natürlichen Wasserrinnen und Höhlen, die sich durch die Erde winden, äußerst komplexe Labyrinthe. Es ist bekannt, dass sowohl die Nosferatu als auch die *antitribu* ihrer Blutlinie in den Katakomben hausen und bis vor kurzem wurden ihre territorialen Rechte anerkannt. Als eine bedeutende Ventrue-Herde verloren geht und jedes Mitglied von sterblichen Kanalarbeitern tot unter Tage aufgefunden wird, wird die Frage, wer dieses Gebiet kontrolliert, strittig. In der Öffentlichkeit auftretende Nosferatu geben vor, nichts darüber zu wissen, aber die Ventrue versammeln sich trotzig unter ihrem Banner, treten als einheitlicher Clan auf und verunglimpfen die Kanalratten aufgrund ihrer vermeintlichen Mitschuld.

Territoriale Kämpfe brechen aus, sowohl über als auch unter der Erde, als sich Nosferatu der Camarilla und des Sabbat zusammenschließen, um die übergriffigen Blaublütigen zurückzuschlagen und ihre eigenen Zugewinne zu erzielen. Beide Sekten beeinflussen den Konflikt zwischen den Clans für ihre eigenen Zwecke. Der Sabbat schickt heimlich ein paar Rudel unter die Erde, um Camarilla-Domänen aus dem Untergrund heraus zu sabotieren, während die Camarilla den zivilen Konflikt als Gelegenheit nutzt, um Ventrue und Nosferatu zu diffamieren und zu ersetzen, die ihr Willkommensein überstrapaziert haben.

Der Wahrheit darüber, wer die Herde entführt und schließlich getötet hat, kommt man erst wieder näher, als sich der Konflikt zuspitzt. Theorien darüber, dass der Sabbat das Manöver inszeniert haben könnte, verbreiten sich, genauso wie Gerede über die Giovanni, die die Ereignisse beeinflussen, um all die wertvollen Informationen für sich zu beanspruchen, die die Nosferatu in der Dunkelheit verbergen, während die Ressourcen und die Machtbasis der Ventrue gleichzeitig erschöpft werden.

Eine Ravnos, die lautstark kundtut, die ganze Tortur sei das Resultat „der Behandlung“, die ihr Clan ausgeteilt habe, verschwindet rasch, bevor irgendjemand ihr weitere Fragen stellen kann, was dazu führt, dass manche Vampire sich fragen, ob der einzige Vampir, der die Antworten kannte, durch andere beteiligte Parteien zum Schweigen gebracht wurde.

Sterblichkeit ist wichtig

Vampire müssen trinken und die Zielpersonen, die sich ein Vampir auswählt, um davon zu trinken, haben mehr Bedeutung als blasierte Kainiten behaupten. Ein Vampir aus dem Klüngel der Protagonisten wird häufig (und unter vier Augen) von einem verführerischen und äußerst intelligenten Blutpüppchen angesprochen, das nicht nur den Kuss des Vampirs erfleht, sondern ihm auch überraschende Einblicke in die politischen und spirituellen Aktivitäten von Kainskindern anbietet. Obwohl sie nicht wirklich über Kenntnisse der vampirischen Gesellschaft verfügt, führen ihre logischen Ratschläge für gewöhnlich zum Erfolg.

Die Verbindung zwischen dem Blutpüppchen und dem Vampir ist stark, deshalb bittet sie darum, anderen Mitgliedern des Klüngels vorgestellt zu werden. In Anbetracht ihrer bisherigen Kenntnisse scheint dies eine gute Idee zu ein. Als das Kennenlernen stattfindet, eröffnet sie zur Erschütterung aller, dass ein Mitglied des Klüngels ihr bereits bekannt ist, und zwar aus der Zeit, als der Vampir noch sterblich war. Ein unangenehmes Treffen wird sogar noch schlimmer, als das Blutpüppchen enthüllt, dass sie nach ihrem einst sterblichen Freund gesucht hat, seit er vor Jahren verschwand. Niemals hatte sie vermutete, dass der Kuss der Grund dafür war, dass er den Kontakt mit seiner Familie, Freunden und Kollegen abgebrochen hatte.

Die einfache Lösung für den Klüngel wäre es nun, das Blutpüppchen für immer zum Schweigen zu bringen, aber sie ist nützlich und eine Unschuldige. Die Natur des vampirischen Fluchs versteht sie nicht ganz, aber sie weiß mehr, als irgendein Sethskind wissen sollte. Nun, da sie entdeckt hat, dass ihr sterblicher Freund ein Kainskind ist, steht sie vor der Wahl, seiner von ihm entfremdeten Familie seinen Aufenthaltsort zu verraten oder es für sich zu behalten, abhängig davon, was der Klüngel ihr anbietet. Sollte sie über den Klüngel die Bekanntschaft einflussreicher Vampiren mache, wäre ihr Leben in noch größerer Gefahr und gleichzeitig verleiht es ihr mehr Einfluss auf die Gruppe.

Das Blutpüppchen lässt nicht durchblicken, ob sie die Beziehung zu ihrem Domitor arrangiert hat oder ob die ganze Angelegenheit ein Zufall ist. Sie könnte ebenso gut für einen anderen Vampir oder eine andere Organisation arbeiten, die beabsichtigt, den Klüngel zu demütigen oder ihm zu schaden, oder sie ist einfach nur zufällig über eine unfassbare globale Verschwörung von Vampiren gestolpert.

Die Geschichte verändern

Tektonische Aktivitäten treffen die Stadt des Rudels und das umliegende Gebiet, was sie vielleicht nur überrascht, wenn sie nicht gerade ihre Zuflucht auf einer Verwerfungslinie errichtet haben. Die Erschütterungen und das daraus resultierende Erdbeben machen die Domäne nicht dem Erdboden gleich, lassen territoriale Auseinandersetzungen aber überflüssig werden, weil Zufluchten zerstört werden, Vampire verschwinden und rivalisierende Gruppen sich das Chaos zunutze machen.

Nach dem Vorfall konzentrieren sich die Medien stark auf eine einst verschüttete Siedlung, die durch die Verschiebung der Landmassen wieder aufgedeckt wurde. Da die Siedlung in einem Querschnitt der Erde liegt, an dem sich der Boden nach dem Erdbeben aufgespalten hat, sind die Sterblichen nicht bereit, ein Team von Archäologen hineinzuschicken ohne zunächst elektronische Aufzeichnungsgeräte eingesetzt zu haben. Die Untersuchungsmaschinen übertragen Bildmaterial von einem historischen Grabkomplex, uralten Bauwerken und Symbolen, die in manche der Bauwerke eingraviert sind und von Vampirgelehrten als dem Zeitalter Enochs zugehörig identifiziert werden.

Rudel werden hineingeschickt, um die Ruinen zu erforschen, bevor sterbliche Teams damit beginnen können, die Stätte auseinanderzunehmen, wodurch sich die ganze Angelegenheit rasch zu einem Rennen zur Bergung von Relikten mit Bedeutung für die kainitische Gesellschaft entwickelt. Pessimisten an der Oberfläche konstatieren, dass die Ruine nichts von Wert enthält, während andere vor schlafenden Vampiren von unvorstellbarem Alter warnen, die sie im Inneren wahrnehmen konnten. Solche Zyniker werden aufgrund ihres Mangels an Enthusiasmus nicht beachtet, aber nachdem ein Rudel verschwindet und sein Priester in der darauffolgenden Nacht in einem entsetzlichen Zustand wieder auftaucht und nur noch zusammenhanglos und geistesgestört daherredet, werden die Kainiten vor Ort doch vorsichtig.

Als die Zeit vergeht, ohne dass die Ruinen ausgegraben werden, werden die Sabbat-Vampire der Region von einem Hunger nach Vitae ergriffen. Einige Kainiten sprechen flüsternd von Dingen, die sich in den Gräbern regen könnten und vielleicht die Fähigkeit besäßen, den Durst nach Blut zu kontrollieren und damit in den Vampiren an der Oberfläche stetig das Verlangen nach dem Blut des anderen zu wecken, um Schwäche zu verbreiten. Was auch immer es ist, es bahnt sich seinen Weg in die wache Welt, wo es die verbliebenen Kainiten verschlingen wird. Andere vertreten die Theorie, dass die tektonische Aktivität von dem ausgelöst wurde, was da in der Spalte haust, was auch immer es sein mag, und dass noch mehr Unheil über sie kommen wird, wenn die Vampire, die darin existieren, nicht dem endgültigen Tod anheimgegeben werden.

Kontaminierte Lieferung

Es gibt eine neue Droge auf den Straßen, und Sterbliche in der Nachtclub-Szene konsumieren sie begierig. Der Rausch, der durch die orale oder intravenöse Einnahme dieser Weichkapsel-Droge erzeugt wird – die von Dealern „Ewigkeit" genannt wird – ist erheblich. Nachdem eine experimentierfreudige Vampirin sich dazu entschließt, die Droge selbst auszuprobieren, stellt sie schockiert fest, dass die Kapsel Vitae enthält, oder eine chemische Verbindung mit einem ähnlichen Geschmack, die in der Lage ist, dieselben Gefühle der Euphorie auszulösen.

Vampire, die die Piste kontrollieren, leiten Ermittlungen rund um die Lieferung der Droge ein, für den Fall, dass ein Vampir gegen seinen Willen festgehalten wird, um ihn langsam ausbluten zu lassen oder sonstige Versuche, Kainskinder und Sethskinder nach und nach zu binden. Die Spur verliert sich, als eine sterbliche Lieferantin erklärt, sie habe zwei Kisten voll mit den Drogen im hinteren Teil eines ausgebrannten Lieferwagens gefunden, verschlossen und unbeschädigt. Sie hat sie langsam und zu einem hohen Preis an Dealer verteilt, aber ihr Vorrat geht zur Neige.

Auf der Piste kehrt Ruhe ein, als die Drogen langsam weniger werden und die Konsumenten wieder auf alltägliche Betäubungsmittel umsteigen, bis ein Gefühl des Entzugs von Vitae all jene zu ergreifen beginnt, die auch nur eine Handvoll von Ewigkeit konsumiert haben. Wie Ghule, die einen Schuss brauchen, reagieren auch die sterblichen Konsumenten aggressiv und beginnen damit, Kainskinder mit hungrigen Augen anzusehen, ohne zu verstehen, warum sie den Anblick, den Geruch und sogar den Geschmack – wenn sich ihnen die Gelegenheit bietet – dieser augenscheinlichen Menschen so verdammt anziehend finden. Als eine Bande dieser von Verlangen getriebenen Abhängigen einen Neugeborenen überwältigt und den Vampir unkontrolliert in Stücke reißt und von seinen Überresten trinkt, sind die Vampire der Stadt zum Handeln gezwungen.

Opportunistische Vampire ziehen diese Ghul-Nachahmer in ihren Kader an Gefolgsmännern hinein, da ihr Wille leicht zu beeinflussen ist. Einzelgängerische Vampire beginnen, den Preis dafür zu bezahlen, da Sethskinder, die Ewigkeit konsumieren, ausrasten, wenn sie Zeuge davon werden, dass ein Kainskind seine Kräfte einsetzt. Die Sekten wollen, dass dieses plötzliche Aufkommen von Ghulen augenblicklich und rigoros beendet wird, indem man sie auf andere Drogen umgewöhnt, einen Übeltäter ausfindig macht und ihn dazu zwingt, eine neue Charge von Ewigkeit herzustellen, oder – wie ein einzelner gefühlskalter Bischof vorschlägt – indem man jeden Konsumenten von Ewigkeit in einen Club lockt, die Tür verschließt und die Räumlichkeiten in Brand steckt.

Vampire mit einem Hang zu Nachforschungen stellen Vermutungen über die Hintergründe der anonymen Ausgabe von Ewigkeit an und darüber, ob es sich dabei um den ersten Versuch von etwas handelt, das zu einer landesweiten Aktion werden könnte. Sie sind sich darüber im Klaren, dass die Identität des Herstellers der Droge noch immer unbekannt ist und sie wissen, dass die Belohnung riesig ausfallen dürfte, wenn es ihnen gelingen sollte, den Verantwortlichen, wer auch immer es sein mag, dranzukriegen.

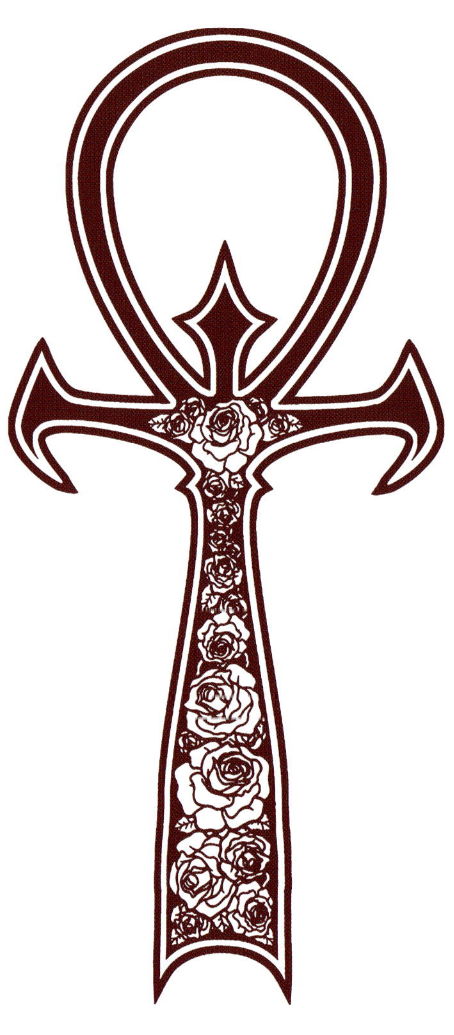

Erhältlich für Vampire: Die Maskerade - Jubiläumsedition

Entfesselte Anarchen

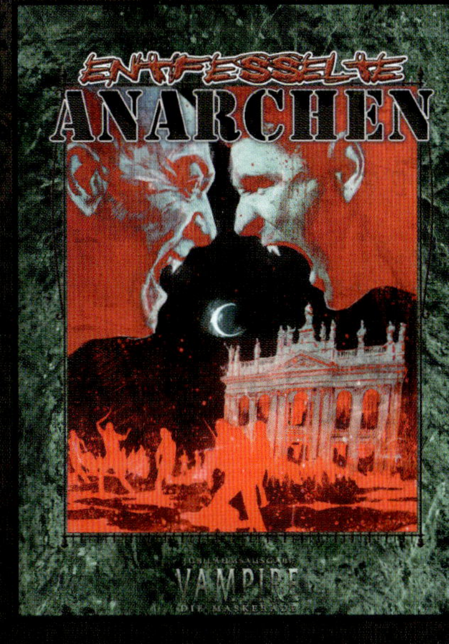

Stürzt die Tyrannen!

Badet die Straßen im Blut von Prinzen und Erzbischöfen!

Mit jeder Nacht wächst der Einfluss anarchischer Domänen auf neue Territorien, und so können die Kainskinder es sich nicht länger leisten, die Revolte als nur einen einfachen Mob aus missratenen Kindern zu betrachten. Die überholten Taktiken der Vergangenheit sind einer schlankeren, weiseren Anarchenrevolte gewichen, und die Nächte altmodischer älterer Vampire und ihrer dünnblütigen Lakaien sind gezählt.

Entfesselte Anarchen enthält:

- Einen überarbeiteten Blick auf die Kultur der Anarchen, die sich während des Internetzeitalters voll entfalten konnten.
- Die Geschichte und Taktiken der Anarchen, die zeigen, wie die Revolte die Praxis anderer Sekten zerschmettert und Domänen von der anarchischen Ideologie überzeugt.
- Neue Disziplinen und kombinierte Disziplinen, die sich rasch innerhalb der verschiedenen Domänen der Revolte verbreiten.

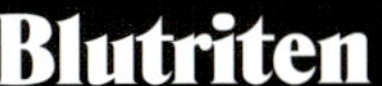

Blutriten ist eine Sammlung an Ritualen, wie sie unter den verschiedenen Sekten und Clans der Kainskinder praktiziert werden. Dies ist nicht nur eine Sammlung an Kräften, sondern auch eine Betrachtung der Sekten selbst und wie sie ihre unheimlichen mystischen Künste einsetzen: die Thaumaturgie der Tremere der Camarilla, die blutigen Riten und Flickenzauberei des Sabbat, die schauerlichen und fremdartigen Praktiken der Tal'Mahe'Ra, „Straßenrituale" aus dem Kontingent der Anarchen, die Hexerei der Assamiten und Setiten, die Nekromantie der Giovanni und sogar einige der mysteriösen Bräuche der Inconnu.

Dieses Buch enthält:

- Einen Einblick in die Weise, wie die verschiedenen Fraktionen der Kainskinder Blutzauberei in den modernen Nächten sehen und nutzen.
- Mehrere neue Rituale, Sabbatriten und weitere Disziplinen für die verschiedenen Blutzaubereien der Kainskinder.
- Für die V20 aufbereitetes Material des klassischen Vampire: Die Maskerade rund um Blutzauberei.

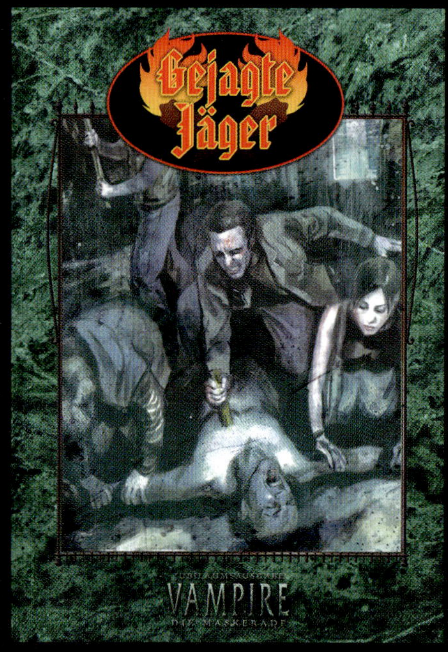

Gejagte Jäger

ISBN 978-3-86889-798-2

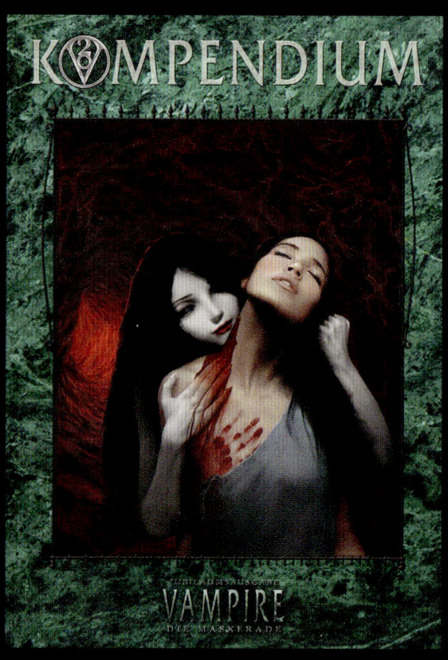

Kompendium

ISBN 978-3-95752-060-9

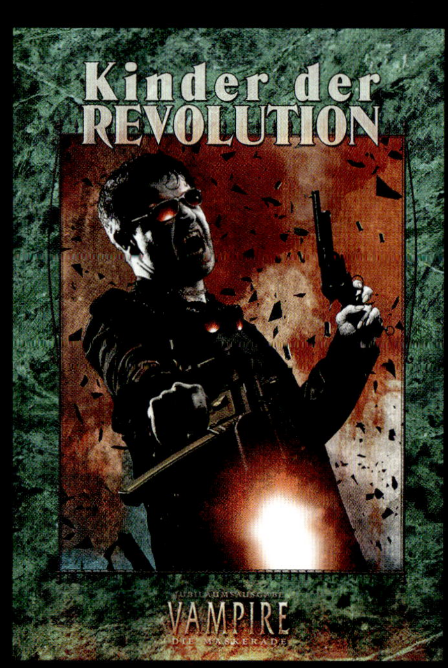

Kinder der Revolution

ISBN 978-3-95752-063-0

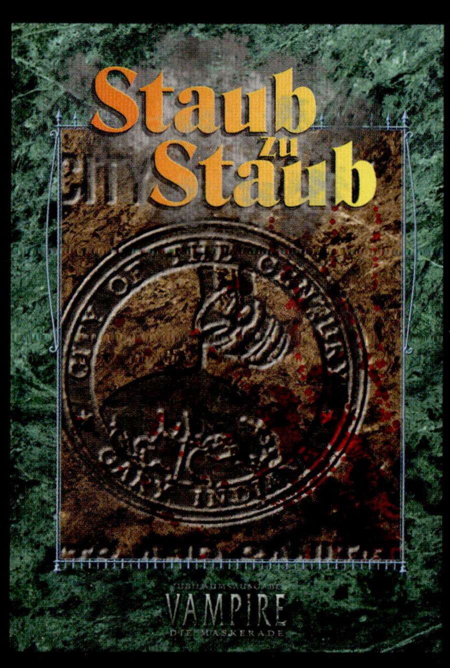

Staub zu Staub

ISBN 978-3-95752-488-1